Curso a Distancia de

Reiki

Secretos y Símbolos Desvelados

Dr. Alain Courchesne
Maestro de Reiki

Curso a Distancia de

Reiki

Secretos y Símbolos Desvelados

EDICIONES OBELISCO

Si este libro le ha interesado y desea que le mantengamos informado de nuestras publicaciones, escríbanos indicándonos qué temas son de su interés (Astrología, Autoayuda, Ciencias Ocultas, Artes Marciales, Naturismo, Espiritualidad, Tradición) y gustosamente le complaceremos. Puede encontrar nuestro catálogo en: www.edicionesobelisco.com

Los editores no han comprobado la eficacia ni el resultado de las recetas, productos, fórmulas, técnicas, ejercicios o similares contenidos en este libro. No asumen, por lo tanto, responsabilidad alguna en cuanto a su utilización ni realizan asesoramiento al respecto.

Colección Obelisco Salud
CURSO A DISTANCIA DE REIKI. SECRETOS Y SÍMBOLOS DESVELADOS
Dr. Alain Courchesne

1ª edición: enero de 2000

Título original: *ÉnergieReiki. Secrets et Symboles Dévoilés*
Traducción de Amalia Peradejordi
Diseño portada: Judith Roig
Fotografías: Serge Grenier

© by 1998 by Les Editions Liberté Nouvelle
 (Reservados todos los derechos)
© by Ediciones Obelisco, S.L. 1999
 (Reservados todos los derechos para la presente edición)

Edita: Ediciones Obelisco S.L.
Pere IV, 78 (Edif. Pedro IV) 4ª planta 5ª puerta
08005 Barcelona - España Tel. (93) 309 85 25
Fax (93) 309 85 23
Castillo, 540, Tel. y Fax. 771 43 82
1414 Buenos Aires (Argentina)
E-mail: obelisco@website.es y obelisco@airtel.net
Depósito Legal: B-5.308-2000
I.S.B.N.: 84-7720-742-9

Printed in Spain

Impreso en España en los talleres gráficos de Romanyà/Valls SA de Capellades (Barcelona)

Ninguna parte de esta publicación, incluso el diseño de la cubierta, puede ser reproducida, almacenada, transmitida o utilizada en manera alguna ni por ningún medio, ya sea electrónico, químico, mecánico, óptico, de grabación o electrográfico, sin el previo consentimiento por escrito del editor.

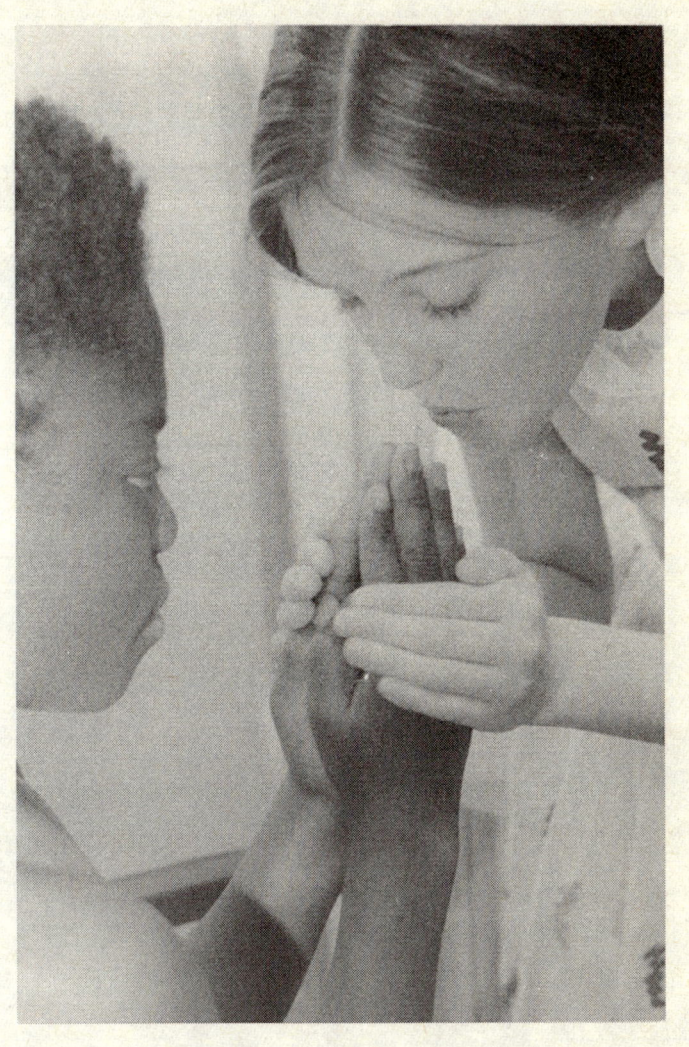

Agradecimientos

En especial, me gustaría poder mostrar mi agradecimiento:

A todos los maestros que me han guiado e instruido.

A mis hijos Syrile y Arnaud, así como a mi esposa Pauline, por haberse ofrecido a posar para este libro.

A todos aquellos que tengan el amor suficiente como para comprender y aceptar mis pasos.

A todos aquellos quienes, gracias a esta obra, podrán utilizar el Reiki para el bien de la humanidad.

Saint-Sauveur-des-Monts, a 8 de enero de 1998

Prólogo

Esta obra que tenéis entre las manos no es un libro corriente sobre la historia del Reiki. Aquí no se trata de una simple información, sino de un curso **completo** que incluye las iniciaciones secretas y los símbolos destinados unicamente a los iniciados.

Tras el aprendizaje propuesto por este curso y, una vez realizadas todas las etapas iniciáticas, tendréis todo el derecho de poder consideraros un **maestro de Reiki** y estaréis autorizados para enseñarlo a otros. Supongo que no hará falta decir que si os conformáis con leer este curso sin más, aquello que aprendáis no os resultará demasiado útil, y los símbolos, por muy poderosos que sean, no tendrán la misma fuerza que proporcionan las iniciaciones.

Dado que la enseñanza del Reiki ha sido conservada en secreto desde el siglo XIX, ante todo me gustaría justificar la publicación de este libro y exponeros mis más profundas intenciones.

Simplemente bastará con decir que algunas escuelas de Reiki han difundido unos modelos bastante diferentes alrededor del mundo. Ciertas escuelas creen que hay que mantener el Reiki en secreto con el fin de desarrollar una élite de iniciados; algunas multiplican las etapas de aprendizaje para favorecer la correcta asimilación y/o utilización de la energía y, finalmente, otras se limitan a lo esencial y quieren que estas enseñanzas resulten accesibles al mayor número de personas posible.

Esta última forma de considerar el Reiki es exactamente la que yo defiendo e intento llevar hasta sus últimas consecuencias: revelar el Reiki a todo el mundo con el fin de que cada cual pueda utilizar esta energía que le pertenece.

Puesto que el Reiki es la utilización de una fuerza cósmica de sanación, a la que también podemos llamar **«amor incondicional»**, el dinero no debería constituir un factor limitativo.

He aquí algunos algunos ejemplos de precios exigidos a los estudiantes de Reiki:

NIVEL I: entre 100 $ y 200 $
NIVEL II: entre 200 $ y 500 $
NIVEL III: entre 700 $ y 1000 $
NIVEL IV: entre 1000 $ y 10000 $
OTROS NIVELES: ?

Ante estas cifras, podemos comprender facilmente el porqué algunos no pueden difundir el Reiki y otros no quieren hacerlo. Incluso los defensores de la expansión del Reiki en Quebec exigen un mínimo de 2000 $

(no todos, afortunadamente) para introducir a alguien al nivel de maestro.

Por ello, mi deseo es el de acabar con esta comercialización del amor y de la energía ofreciéndoos este curso completo a un precio realmente accesible.

No digo que el hecho de depender de un maestro sea algo inútil o negativo, al contrario. Sin embargo, este libro está dirigido a todos aquellos que se sienten capaces de seguir su propio camino, bajo mi vigilancia personal. Así pues, a partir de este momento, acepto en convertirme en vuestro maestro de Reiki.

Aunque este curso esté dirigido a los estudiantes, es posible que otros maestros lo utilicen para sus propias iniciaciones.

Animado por el ferviente deseo de convertir la enseñanza del Reiki en algo que pueda resultar accesible a todo el mundo, me considero en el deber de acabar con una antigua tradición elitista, aun a pesar de saber que habrán muchas personas que no estarán en absoluto de acuerdo con mi decisión. Así pues, este libro está dirigido a todos aquellos que quieren utilizar la energía cósmica para ayudarse mutuamente. Esta energía es algo que pertenece a todo el mundo y su acceso no debería verse limitado ni por las escuelas ni por el dinero.

Aprovechad bien vuestros estudios y no dudéis en cerrar con frecuencia vuestro libro con el fin de poder asimilar los conocimientos o las técnicas y practicarlas. De hecho, algunas personas tardan varios meses en pasar del nivel I al de maestro, mientras que otras apenas tardan unos pocos días. Lo importante es que avancéis a vuestro propio ritmo, que asimiléis bien todas las etapas y que sigáis correctamente las indicaciones.

Algunas palabras

Todas vuestras iniciaciones se hallan descritas con todo detalle y anotadas en los expedientes cósmicos. ¡No olvidéis de que os estoy ayudando e iniciando a distancia! Algunos podrán dudar de la autenticidad o del valor de este tipo de iniciaciones, pero recordad que cuando vosotros también podáis transmitir energía a distancia (nivel II) comprenderéis muy bien este proceso.

Puedo aseguraros que poseo la capacidad suficiente como para poder iniciaros a distancia y que estoy realmente presente y a vuestro lado en el momento de vuestra iniciación, dirigiendo sobre vosotros los símbolos necesarios para la validez de las iniciaciones.

¿De hecho, acaso no he estado siempre con vosotros, desde el principio de vuestra lectura, puesto que me escucháis y hacéis lo que os pido? También sentiréis mi presencia durante vuestra iniciación. Al final de vuestro curso, os indicaré la forma de obtener auténticos diplomas firmados por mí.

Introducción

El Reiki

El Reiki es un sistema de sanación japonés. Si deseáis profundizar en vuestros conocimientos, en la bibliografía que aparece al final del libro se indican los nombres de excelentes libros sobre la historia del Reiki y sobre la energía en general.

El sistema de sanación del Reiki fue redescubierto en el siglo XIX por un monje cristiano de Kyoto, el doctor Mikao Usui. Tras una larga y profunda investigación, el doctor Usui halló las huellas de estos símbolos de sanación en el Corán y en la Biblia. Sin embargo, en ninguna parte se especificaban estos símbolos, ni siquiera cómo llegar a encontrarlos. En todas las tradiciones se mencionan a profetas que curan con sus manos, como por ejemplo Cristo, pero nunca se llega a especificar cómo utilizar esta ciencia secreta.

El doctor Usui, después de una larga búsqueda y tras haber practicado el ayuno durante mucho tiempo, a través de una iluminación, recibió estos símbolos secretos así como las posiciones de las manos a ser utilizadas. Enseguida formuló estos símbolos y sistematizó las posiciones de las manos de tal forma que, con frecuencia, al Reiki también se le denomina el «Usui Healing System». De hecho, **Rei** significa cósmico y **ki** significa fuerza. Aunque esta traducción pueda parecer algo limitada, al mismo tiempo también es muy exacta.

Originalidad del Reiki

A no ser en su aspecto iniciático, el Reiki no es original, puesto que se trata de una energía. En efecto, no se trata sólo de un toque terapéutico (intuitivo o aprendido), sino de un potencial energético recibido durante las iniciaciones realizadas por un maestro de Reiki. De hecho, el terapeuta de Reiki aprende a convertirse en un buen canal de energía y las iniciaciones le sirven para poder abrir sus chakras al máximo.

Los chakras son unas zonas del cuerpo humano en las que se encuentra una gran concentración de energía. A los chakras también se les denomina plexo o punto de encuentro de numerosas terminaciones nerviosas. Estos centros de energía pueden desarrollarse o abrirse para captar una energía mayor. Por regla general, cuanto más abiertos o desarrollados estén nuestros chakras, más aptitudes tendremos para poder recibir y transmitir la energía de tipo Reiki. Y, así, nuestro cuerpo vibrará con más armonía.

Existen varios métodos para armonizar y desarrollar los chakras: el Reiki es uno excelente. Aunque el cuerpo posee varios chakras o centros de energía, aquí, los que nos afectan directamente son los de las manos (centros de las palmas), así como los siete principales (observad la foto que aparece a continuación para poder localizarlos con más facilidad).

Conforme el iniciado va superando los diferentes grados iniciáticos, también va descubriendo nuevos valores y medios privilegiados para poder ayudar a sus semejantes. Un toque de Reiki siempre tiene algo especial: puede ser instintivo o aprendido, pero siempre posee una calidad vibratoria superior a cualquier otro toque, tanto sea terapéutico como no.

No seguiré insistiendo sobre el aspecto iniciático puesto que vais a recibir siete iniciaciones y vais a ser capaces de constatar el antes y el después por vosotros mismos.

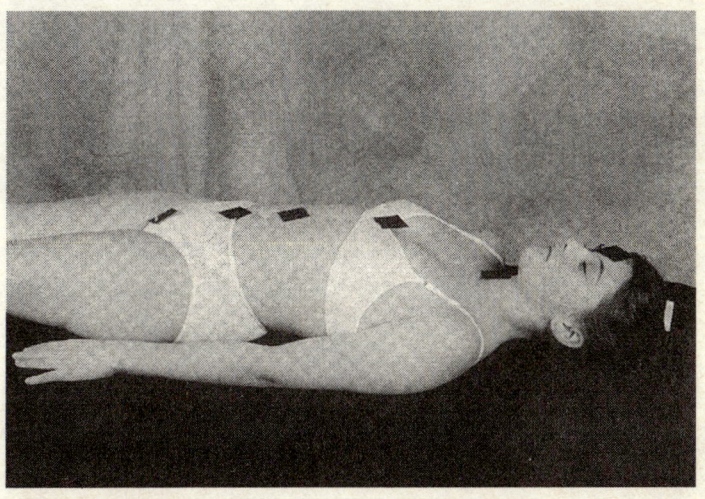

Los niveles

El número de niveles del Reiki puede variar dependiendo de las escuelas y sirve para graduar el aprendizaje. He aquí los niveles que deberéis completar:

Nivel i:

>Introducción al Reiki
>aprendizaje de las posiciones de tratamiento
>práctica del tratamiento
>cuatro iniciaciones

Nivel ii:

>transmitir energía y tratar a distancia
>técnica del Reiki-Mental (dos posiciones)
>tres símbolos
>una iniciación

Nivel iii:

>método para interrogar la memoria total
>un símbolo
>una iniciación
>claves para poder iniciar a los niveles I y II
>técnica de la armonización

Nivel iv:

>un símbolo
>una iniciación (maestro)
>claves para poder iniciar a los niveles III y IV (maestro)
>método rápido para entrar en contacto con el otro.

A través de este progreso, el ser evoluciona y se trasforma. No me cansaré de aconsejaros que os toméis el tiempo suficiente para poder asimilar las enseñanzas que os proporciono y que respetéis las etapas que os propongo. En cada nivel, aprovechad bien las experiencias, llevad a cabo vuestro ritual iniciático e id asimilando estos conocimientos durante algunos días, tal y como se requiere, antes de decidiros a pasar al siguiente nivel.

Os recuerdo que este libro no es ninguna novela, ni tampoco un tratado de conocimientos. Se trata de un verdadero camino iniciático que os conducirá al nivel de maestro de Reiki.

Os acojo en el nivel I y estaré junto a vosotros hasta que lleguéis a la meta de vuestro camino.

Nivel I

El linaje

He aquí mi linaje de Reiki:

Dr. Mikado Usui
Dr. Chujiro Hayashi
Hawayo Takata
Dr. Arthur Robertson
Dr. Roger Foisy
Gisèle Plasse
Pierre Vérot
Dr. Alain Courchesne

Este linaje de transmisión de Reiki me sitúa en el octavo puesto y este es el lugar en el que deseo estar, ya que esta vibración numérica me resulta tan acorde como la del número cuatro.

Podría haber escogido situarme en el sexto lugar, pero he preferido optar por el que ocupo actualmente lo cual os coloca a vosotros en la posición número nueve, es decir, la del círculo y el nuevo comienzo.

Para hablaros un poco sobre la historia del Reiki, podría deciros que Hawayo Takata fue la iniciadora de todas las enseñanzas de Reiki en Occidente.[1] Inició a 22 maestros (algunos afirman que a 21) y murió en 1979 sin transmitir sus poderes de Gran Maestro a nadie.

Posición de preparación para el Reiki

Ante todo, resulta aconsejable seguir las grandes reglas del pensamiento del Reiki para cada día:

RECONOCIMIENTO
HONESTIDAD
RESPETO
LIBERTAD
PAZ

El mero hecho de seguir estas reglas nos sitúa en una esfera de vibración apta tanto para recibir como para transmitir la energía Reiki, lo cual debería habernos sido ampliamente facilitado a partir de la apertura de la puerta 11: 11, el día 11 de enero de 1992, a las 11 horas.[2]

---

1. Es probable que los tibetanos utilizasen el Reiki mucho antes de que el Dr. Usui lo redescubriese.

2. Ahora, la apertura de esta puerta psíquica nos permite acceder desde la dimensión siete hasta la once, mientras que nuestras posibilidades anteriores limitaban el acceso de la una a la seis.

Sin embargo, al entrar en contacto con otras personas, algunos podrían temer recibir una cierta cantidad de energía negativa, así como poder llegar a sentirse vaciados de su propia energía por el cliente. De hecho, esta posibilidad es muy poco frecuente puesto que dar Reiki no disminuye nuestra energía, al contrario. En realidad, cuanto más nos ofrecemos como canal de Reiki, más nos recargamos de energía y más protegidos estamos contra la recepción de la energía negativa provocada por el contacto con los demás.

Cada maestro posee su propio método, por lo que existe más de uno. Simplemente, bastará con comprender que la energía Reiki nos atraviesa, nos protege, y ayuda a la persona a la que queremos ayudar. Una vez que la energía sale fuera de nuestro cuerpo para llegar hasta el otro, ya no vuelve de nuevo hasta nosotros, sino que regresa al lugar del que procede. Este es el motivo por el cual resulta tan difícil **recibir** lo negativo del otro.

Pero, sea como fuere, para aquellos que desearían no tener que correr ningún riesgo, he aquí un método de preparación y de protección:

1. Situaos de pie;
2. Colocad vuestras manos delante vuestro, con las palmas situadas hacia arriba, como en la foto «Posición de preparación»;
3. Cerrad los ojos y esperad a recibir algo en vuestras manos;

4. Cerrad vuestras manos y dejaos invadir por esta fuerza que habitará en vosotros y os protegerá;
5. Empezad el tratamiento tocando a la otra persona.

POSICIÓN DE PREPARACIÓN

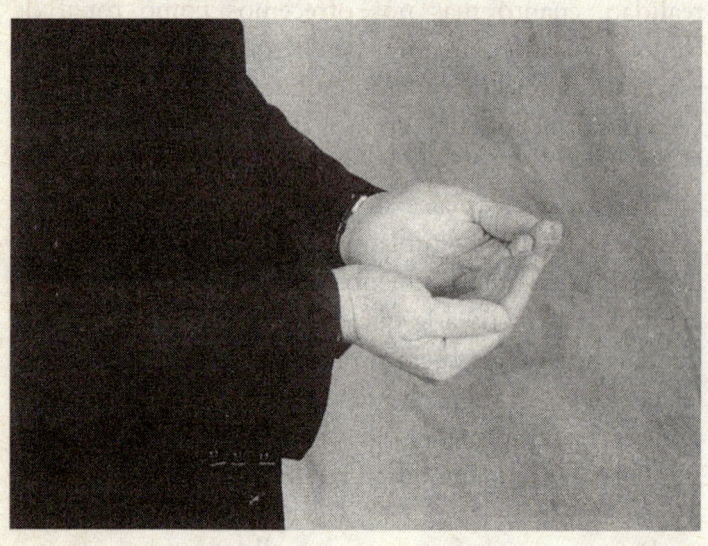

Dar Reiki

El estado de ánimo que se debe adoptar a la hora de empezar un tratamiento es verdaderamente primordial. Sobre todo, hay que evitar a toda costa el **querer** curar o el intentar **dirigir** la energía. En el momento en el que se **fuerza** el Reiki, de hecho, lo único que hacemos es transmitir **nuestra propia energía**. Si somos incapaces de no **querer,** es mejor protegerse. Hay que dar Rei-ki y no Alain-ki, tal y como me ha sucedido algunas veces.

Algunos terapeutas simplemente se preparan frotándose ambas manos con el fin de cargarlas con una cierta energía de calor pero, con franqueza, yo prefiero el método que os he indicado puesto que, haya o no calor, esto no tiene nada que ver con la sanación. En realidad, la energía que cura es más bien fría.

Y, de esta misma forma, también debo preveniros contra la espera de una señal que demuestre que el Reiki funciona. De hecho, puede suceder que el cliente no sienta absolutamente nada y que el terapeuta tampoco. Por regla general, se aconseja no convertir en algo demasiado místico el hecho de dar Reiki. La mayoría de las personas, como mínimo, suelen sentir algo de **calor;** otras ven colores, otras lloran de alegría y, otras, sienten temblores o cosquillas en las manos, etc... Pero, lleguemos o no a experimentar alguna sensación, la energía Reiki pasa por nosotros de todas formas, tanto creamos en ella como no.

He visto a algunos terapeutas trabajar sobre un cliente mientras le explicaban cómo se lo habían pasado durante el fin de semana, sin preocuparse para nada de los gestos que estaban haciendo. No es una cuestión de concentración: vais a **recibir** una fuerza a través de la iniciación que podréis **transmitir.** No hay ninguna necesidad de rezar o de invocar a quienquiera que sea antes de dar Reiki. El hecho de vincular esta energía a alguien, tanto se trate de un maestro desaparecido como de un maestro vivo, es un factor limitativo. Así pues, **¡nada de rituales especiales ni nada de plegarias!**

Lo único que hay que hacer es prepararse un poco para recibir con el fin de poder dar mejor. No nos olvidemos de lo que es el Reiki:

                Forma 1   Forma 2

Rei (ré)
espíritu
alma
esencia

Ki (ki)
fuerza
poder
energía

Posición – Reiki

La primera posición que hay que conocer es la de las manos que, a partir de ahora, denominaré «**posición-Reiki**».

Todos los dedos deben estar pegados entre sí, al igual que el pulgar, para que la mano forme una línea curva. La mano debe colocarse como si la depositásemos sobre una masa oblonga, mientras apretamos los dedos y el pulgar. Si miráis de nuevo la foto **Posición-Reiki**, comprenderéis exactamente lo que os acabo de explicar.

POSICIÓN - REIKI

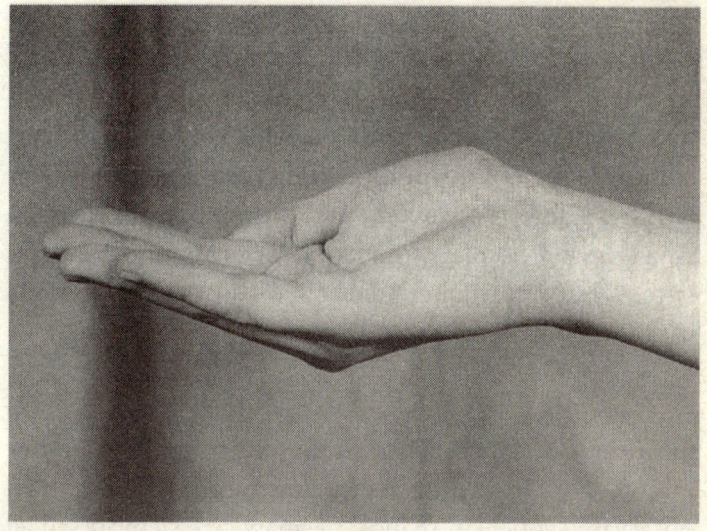

Auto – Reiki

Ahora que ya sabéis cómo prepararos y cómo colocar vuestras manos, podemos iniciar el aprendizaje de los primeros gestos terapéuticos: los del **Auto-Reiki**.

Existen 13 gestos precisos para llevar a cabo sobre uno mismo, en unos puntos muy determinados:

CARA
CORONA (7° CHAKRA O FONTANELA)
GARGANTA
CORAZÓN
PLEXO SOLAR
PLEXO SACRO
CHAKRA RAÍZ (SEXO)

Algunos de estos gestos conciernen a la parte delantera del cuerpo y otros a la trasera. Puesto que las posiciones y los gestos son mucho más difíciles de realizar en la espalda, recomiendo que primero se practiquen aquellos que conciernen a la parte delantera del cuerpo Estos gestos pueden practicarse cada mañana o cada noche cuando estemos en la cama.

Por regla general debemos conceder de **tres a cinco minutos** de atención por zona, nunca más de quince minutos, pues resultaría totalmente inútil. También observaréis que las manos permanecen siempre en el mismo lado del cuerpo (la mano izquierda en el lado izquierdo y la mano derecha en el derecho). Cuando hablemos de los gestos para tratar a los demás, especificaremos una noción de polaridad.

Por ahora, lo que tenéis que hacer es familiarizaros con los gestos a realizar mientras estéis de pie o tumbados sobre vuestra espalda y consultar la serie de fotos que aparecen a continuación para poder practicarlas.

Posición de los ojos

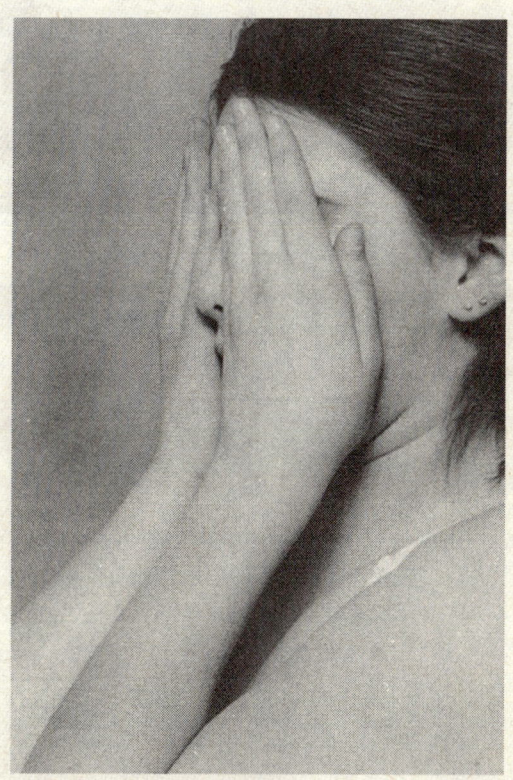

POSICIÓN DE LA CABEZA
delante

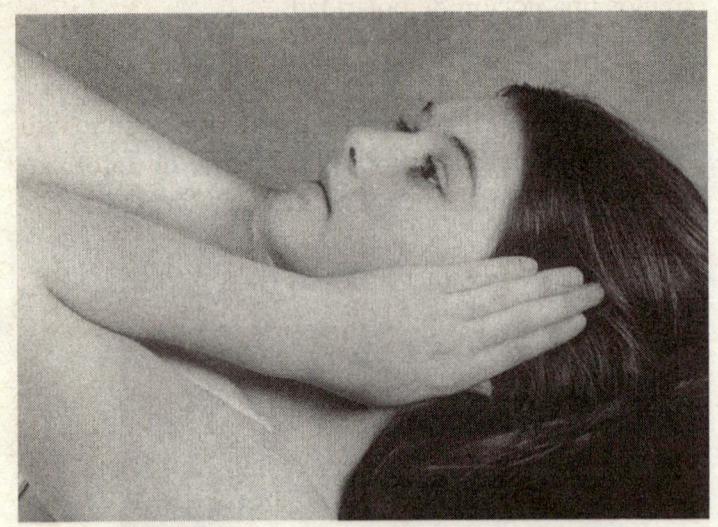

detrás

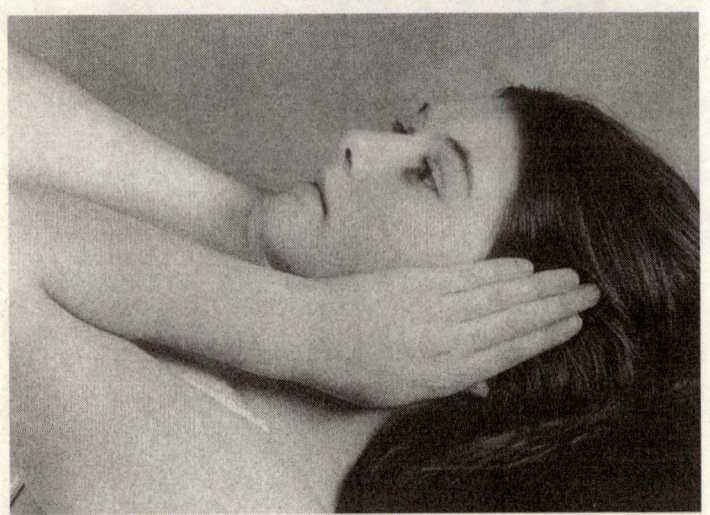

Posición en la garganta

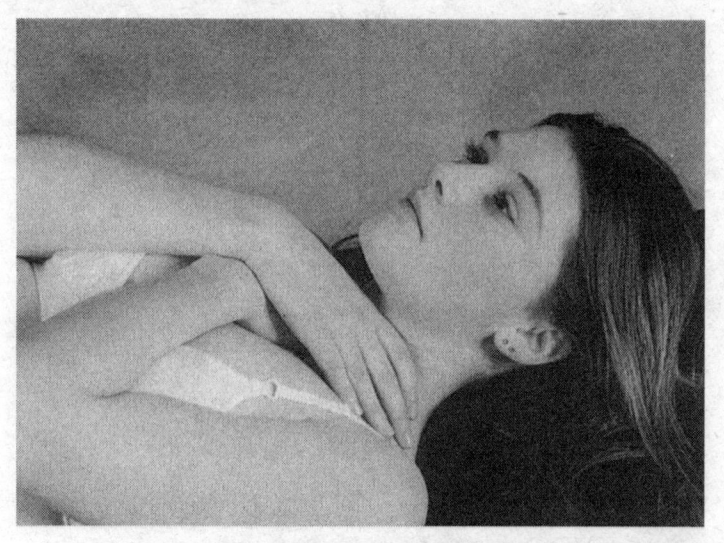

Posición en el corazón
delante

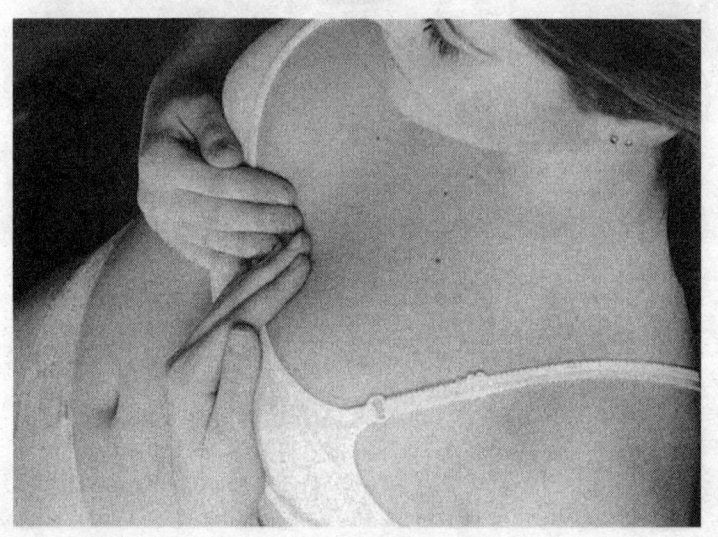

Posición en el corazón
detrás

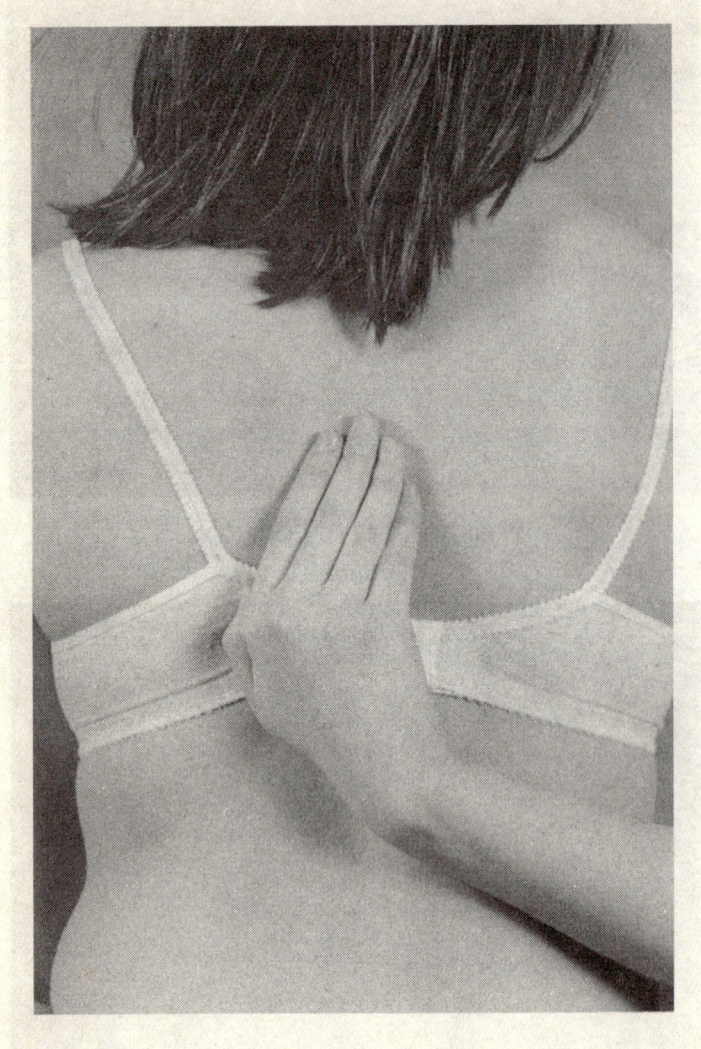

Posición en el plexo solar
delante

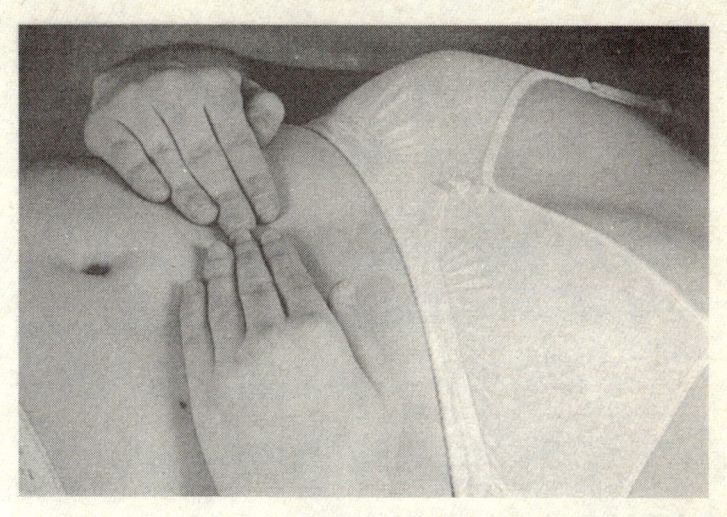

detrás

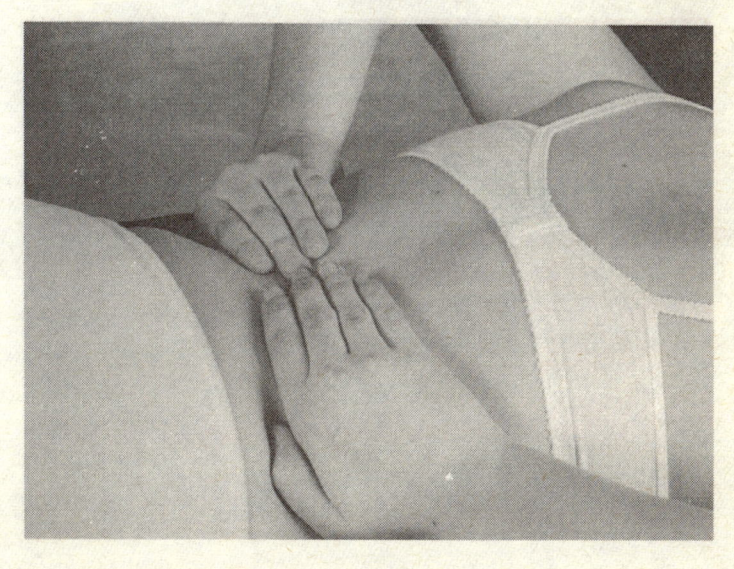

Posición en el plexo sacro
delante

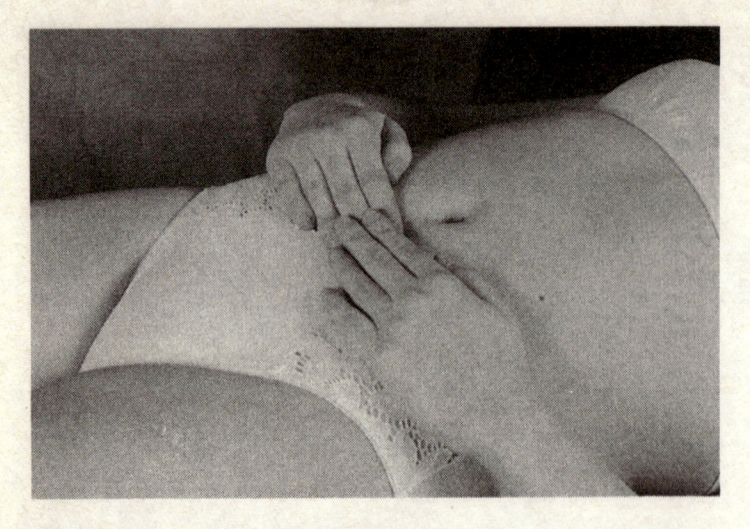

detrás

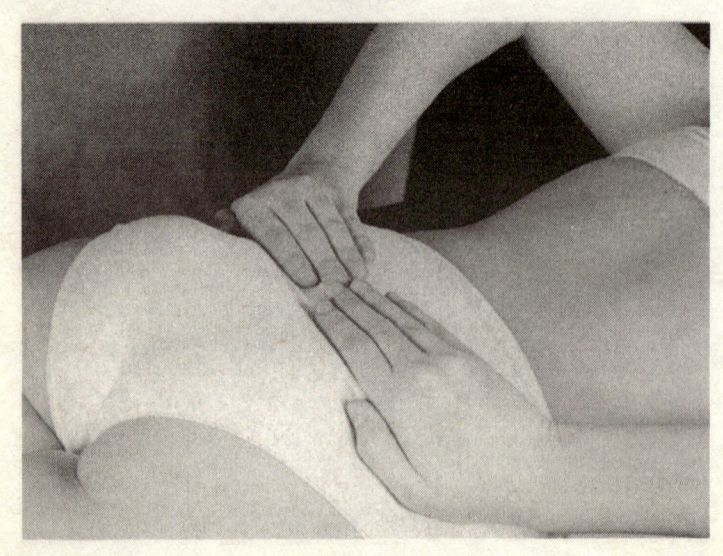

Posición raíz

Posición en los hombros
delante

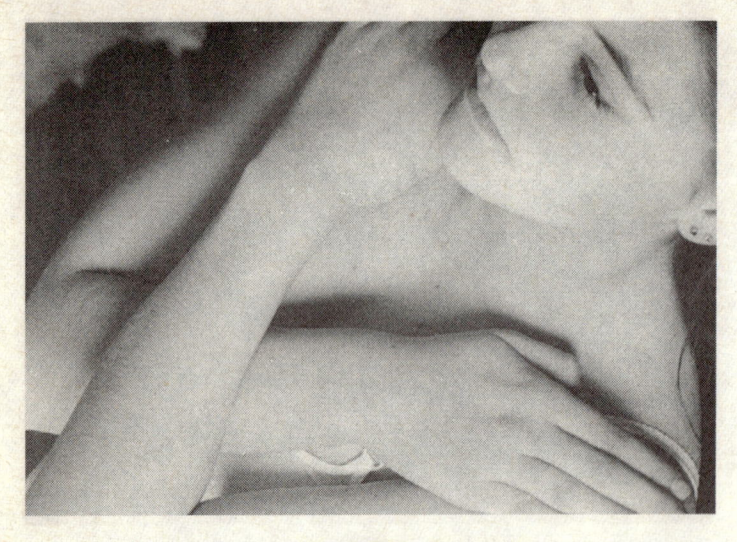

detrás

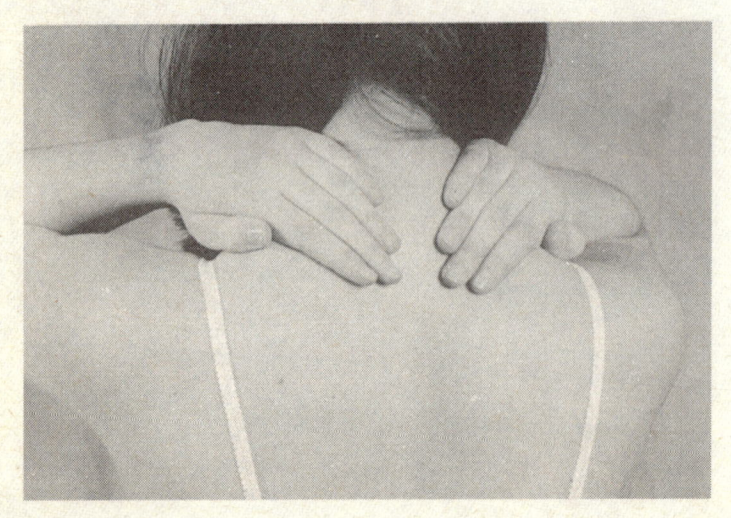

En cuanto dominéis la situación exacta de las posiciones y hayáis tenido éxito en algunos de los tratamientos correspondientes a las posiciones del vientre o de la cara, podréis añadir las posiciones dorsales o traseras con el fin de completar el auto-tratamiento de Reiki. Claro que si lo preferís, siempre podéis realizar todas las posiciones enseguida. Lo importante es que empecéis vuestro entrenamiento. Vale más que aprendáis bien algunas posiciones que nada en absoluto.

Tanto en el caso del Auto-Reiki como en el caso del Reiki destinado a tratar a los demás, no tenéis porque limitaros necesariamente a las posiciones de base, sino que también podéis dejaros guiar por vuestra **intuición**. Vuestras manos os hablarán, ¡escuchadlas y dejadlas trabajar! Es posible que añadáis varias posiciones más sin comprender el porqué. Ante todo, primero tenéis que aprender las posiciones de base y, después, completarlas con la ayuda de vuestra intuición.

Durante los primeros tratamientos, seguramente experimentaréis extrañas sensaciones y notaréis cómo os invade un gran calor; vuestro sueño también podría mejorar. No dudéis en amaros lo suficiente como para daros Reiki de acuerdo con las posiciones aprendidas y con aquellas que **sintáis**. Sed **egoístas**; ¡no perjudicáis a nadie y os hacéis tanto bien...!

Ritual iniciático

Ahora que ya domináis vuestra primera técnica, la del Auto-Reiki, tenéis que empezar a pensar en preparar vuestros receptores (*chakras*) y hacer que sean capaces de **abrirse un poco más** a través de la iniciación. Nos referimos aquí a los siete chakras habituales, además de los de las manos.

Para vuestras dos primeras iniciaciones, puesto que ya ha llegado el momento, deberéis utilizar el siguiente material y retiraros a una habitación tranquila y poco iluminada:

1. Una vela encendida;
2. Incienso;
3. Un vaso de agua (a ser posible de cristal) lleno de agua pura.

Tan sólo deberéis memorizar los dos primeros **kanjis**, incluso aunque aquí os enseñe tres. Un kanji es una palabra japonesa que sirve para indicar un signo de escritura y una idea. Además, esta palabra también se vincula a la manera en la que debemos colocar nuestras manos con el fin de que representen una idea concreta (para la receptividad, la súplica, la plegaria, la concentración, etc). En la India, se utiliza la palabra «*mudra*» para indicar estas mismas posiciones.

El tercer kanji os servirá personalmente cuando queráis desarrollar vuestra intuición o bien obtener una mayor comprensión relacionada con algún tratamiento de vuestro cliente, tal y como veremos en la siguiente sección.

Posición en primer kanji
(*receptividad*)

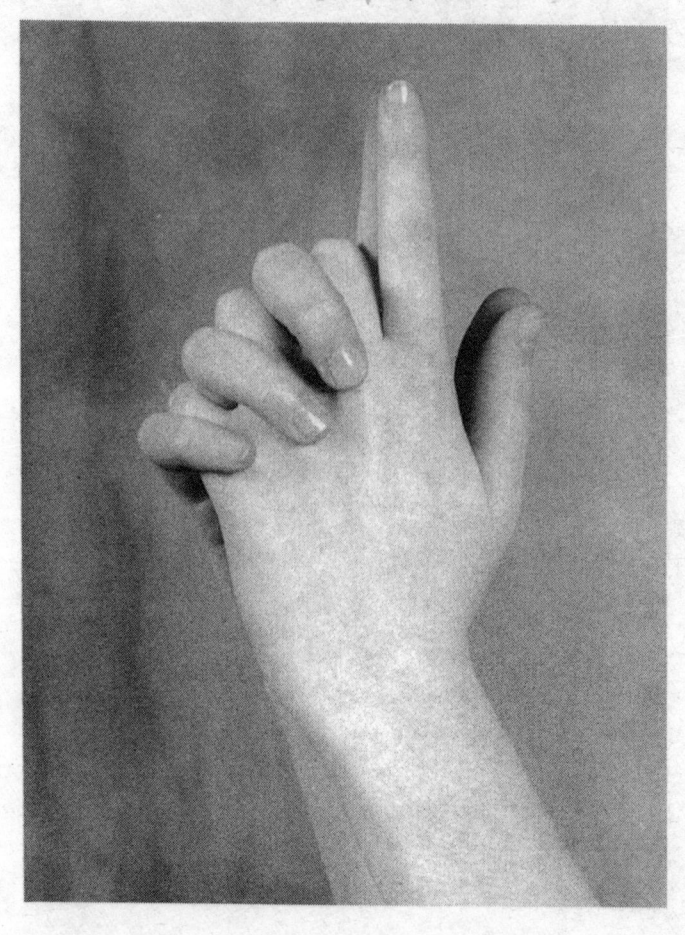

Posición en segundo kanji
(súplica suave)
Posición de base

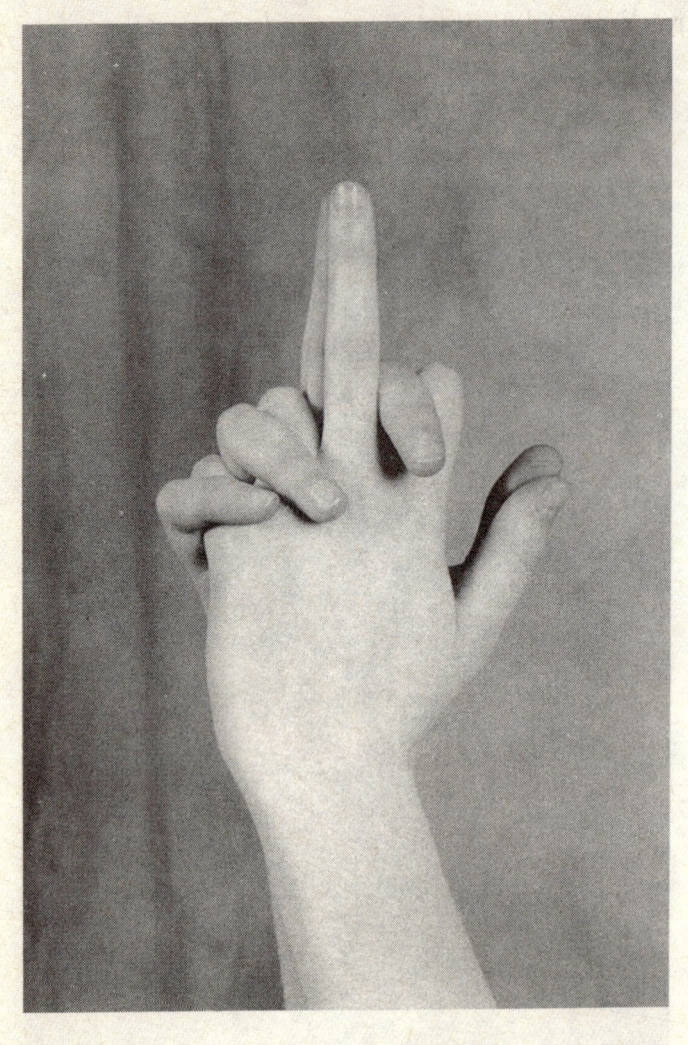

Posición en segundo kanji
(súplica suave)
Posición más moderna

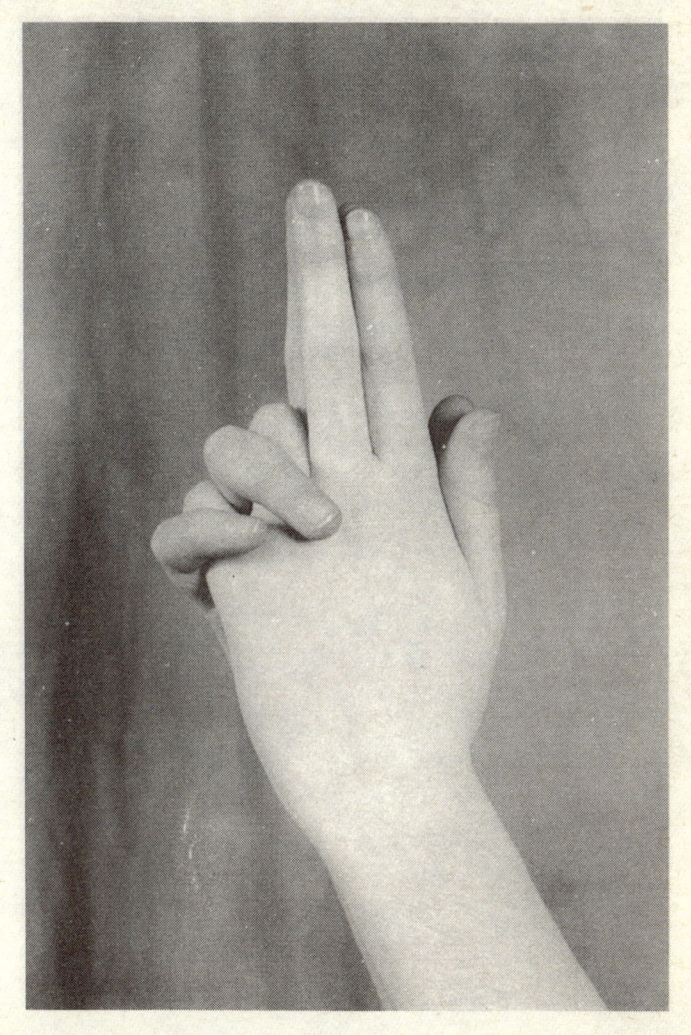

Posición en segundo kanji
(súplica suave)
Posición universal

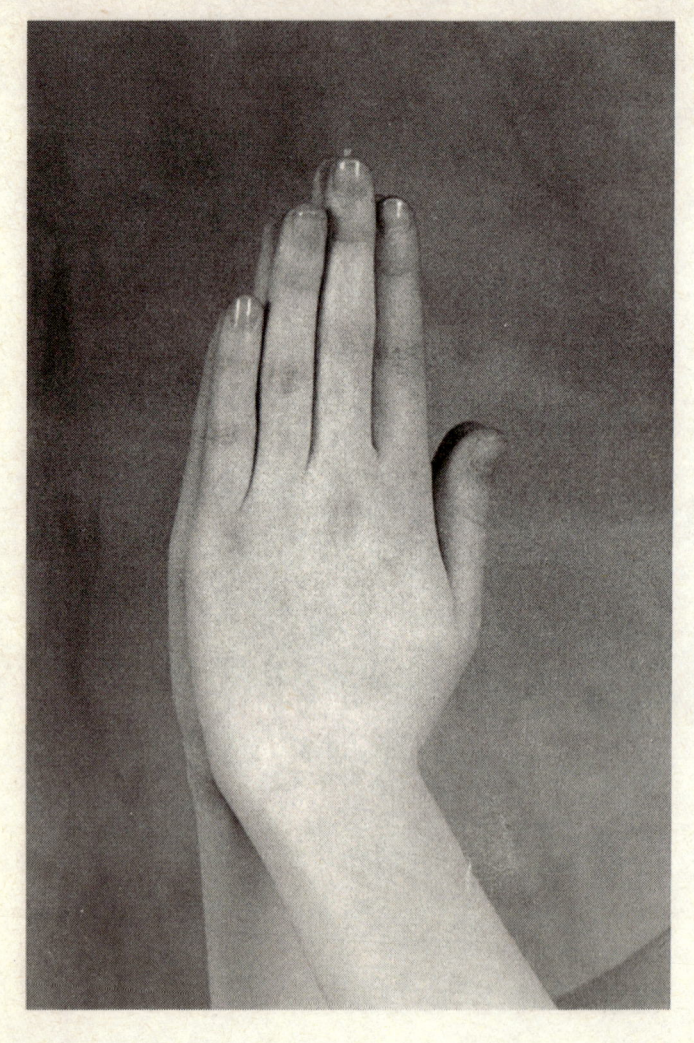

Posición en tercer kanji
(concentración)

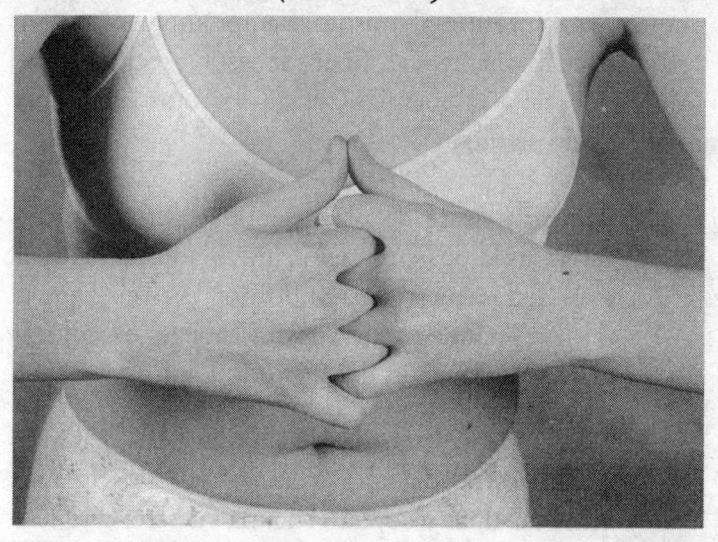

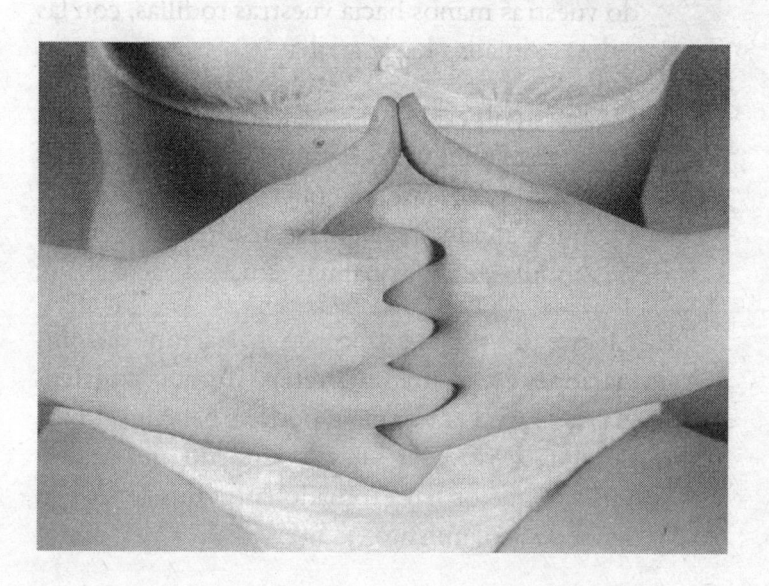

Con el fin de estéis realmente conmigo durante estas dos iniciaciones sucesivas, os sugiero que escuchéis vuestra voz interior al mismo tiempo que miráis mi foto, la cual aparece al final de esta sección, y os impregnéis de esta energía. Cerrad los ojos tras haber asimilado lo siguiente:

1. Me mantendré de pie delante vuestro mientras estéis en la posición del primer kanji y me deslizaré detrás vuestro pasando por vuestra izquierda. En cuanto toque vuestra cabeza, os colocaréis en la posición del segundo kanji;

2. Volveré a colocarme delante vuestro pasando por vuestra derecha, tomaré vuestras manos entre las mías y soplaré encima vuestro, dirigiendo vuestras manos hacia vuestras rodillas, con las palmas situadas hacia arriba;

3. Después golpearé el chakra o el ojo de cada una de vuestras manos, las levantaré para trazar otros símbolos y soplaré de nuevo encima vuestro. Después conduciré vuestras manos hacia vuestras rodillas, con las palmas situadas hacia abajo;

4. Llevaré dos veces a cabo esta operación (dos iniciaciones) y, al final, volveréis a tomar conciencia de la vida cotidiana y podréis beberos el vaso de agua y redactar vuestro informe, justo después de que os haya tomado entre mis brazos en señal de acogimiento.

Este informe es una relación escrita que deberéis hacerme llegar con el fin de que pueda autentificar vuestros progresos y enviaros vuestro diploma. Este informe debe describir todo cuanto haya tenido lugar durante la iniciación, incluyendo los sentimientos que hayáis experimentado y las imágenes visualizadas.

No olvidéis que este momento iniciático es muy especial y con frecuencia suele verse acompañado de grandes emociones. Habéis solicitado un conocimiento superior y vais a recibirlo. Durante vuestras iniciaciones no os extrañéis en absoluto si sentís realmente mi presencia, así como la de otras entidades de luz.

Si es preciso, también podéis consultar los pasos a seguir para la iniciación al primer nivel (capítulo Nivel III) pero, realmente, preferiría que confiaséis lo bastante en mí como para conformaros con lo que os acabo de decir con el fin de que podáis sintonizar mejor con la energía cósmica.
Daos Reiki durante 21 días seguidos tras vuestra sesión de iniciación con el fin de activar al máximo la carga energética que habéis recibido.

Ahora, debéis sentaros en una silla, de forma en que pueda rodearla libremente, cerrar los ojos y consideraros realmente iniciados en los misterios del Reiki.

Vuestro maestro de Reiki, Dr. Courchesne

El Reiki sobre los demás

Ahora ya hemos superado una primera etapa. Guardad vuestro informe de iniciación en un lugar seguro ya que, más adelante, os pediré que lo utilicéis. Pero ahora, y antes de continuar, me gustaría explicaros un poco mejor los kanjis.

Primer kanji (receptividad):

> Colocad las manos tal y como se muestra en la ilustración durante unos treinta segundos, dirigiendo vuestra conciencia interna hacia el centro del Reiki (dos pulgadas por debajo del ombligo, en el plexo sacro) con el fin de ser instruidos con respecto al lugar en el que poner las manos sobre vuestro cliente.

Segundo kanji (súplica y gratitud):

> Posición que hay que adoptar y conservar mientras no empiece el tratamiento. Al mismo tiempo, visualizad el foco del Reiki y la luz blanca.

Tercer kanji (intuición):

> Debéis adoptar esta posición y entrar en una profunda relajación siempre que queráis ser intruidos sobre las causas y los medios a utilizar para un tratamiento.

Con estos nuevos instrumentos, podremos iniciar la técnica de tratamiento dirigida a los demás (hay 16 posiciones).

Durante todo el transcurso de un tratamiento realizado a otra persona, considero preferible tener en cuenta la polaridad elemental (mano derecha sobre el lado izquierdo y mano izquierda sobre el lado derecho) siempre que ello sea posible. Por supuesto que el Reiki está por encima de la simple polaridad, ¿pero, porque no aumentar al máximo nuestras posibilidades de éxito?

Consultando la serie de fotos que aparecen a continuación, descubriréis la posición exacta del terapeuta, así como la posición de sus manos sobre el paciente. Considero inútil describiros cada una de estas imágenes, ya que basta con mirarlas para comprenderlas.

De todas formas debo precisar que, primero, el terapeuta se sitúa frente a la cabeza del paciente y que, durante el transcurso del tratamiento, tanto puede estar sentado como de pie. Hay que tener en cuenta que un tratamiento **completo** dura entre 50 y 80 minutos, por lo cual es preferible que nos instalemos comodamente.

El tiempo de imposición de manos es el mismo que para el Auto-Reiki; es decir, de tres a cinco minutos en cada zona del cuerpo.

Debéis familiarizaros con las distintas posiciones (ventrales y dorsales, o de cara y de espalda, si así lo preferís) antes de realizar una práctica completa con alguien de vuestro entorno.

Posiciones de cara (9)
1. ojos

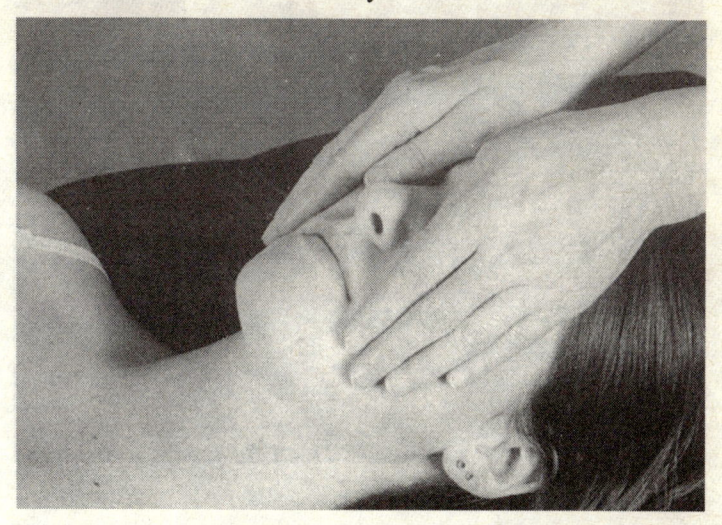

2. sienes

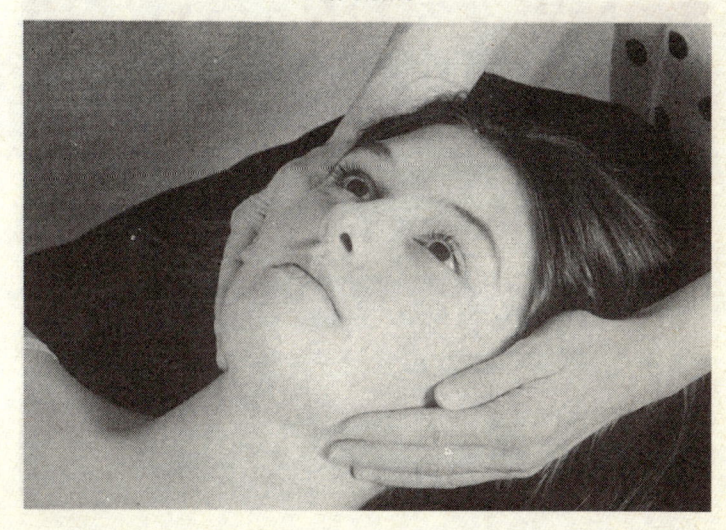

3. bajo la nuca

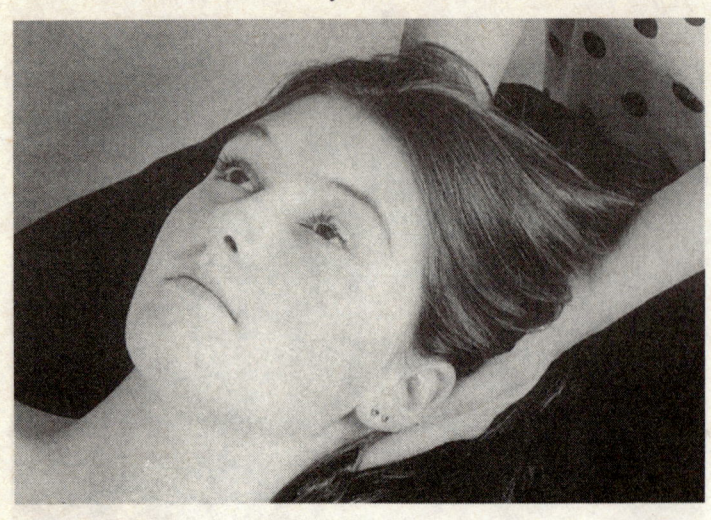

4. hombros

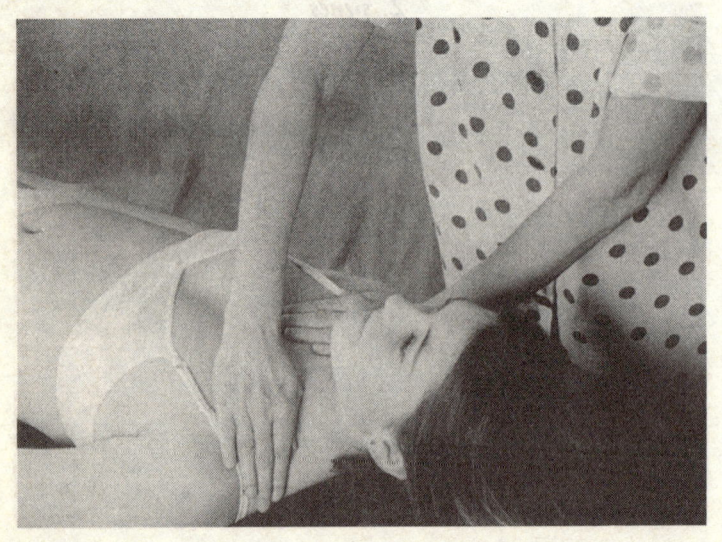

5. *corazón*

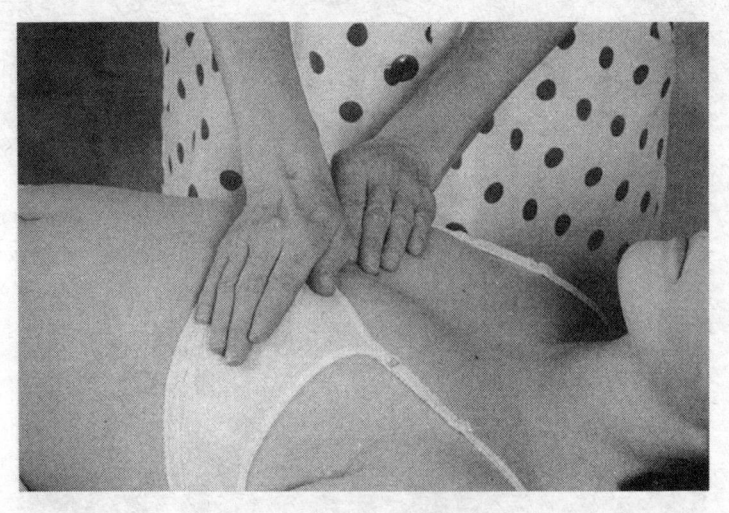

5. **variante del corazón para las mujeres**
(Pulgar, índice y medio agrupados; los demás dedos pegados en las palmas de las manos)

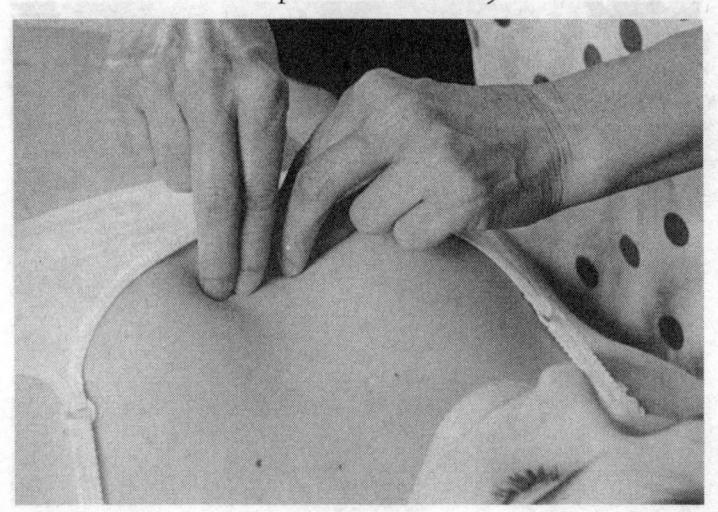

6. *solar*

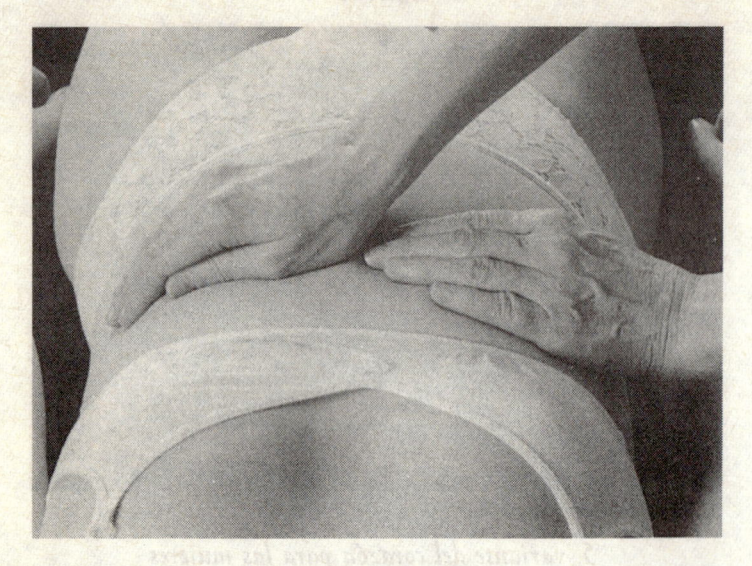

7. *sacro*

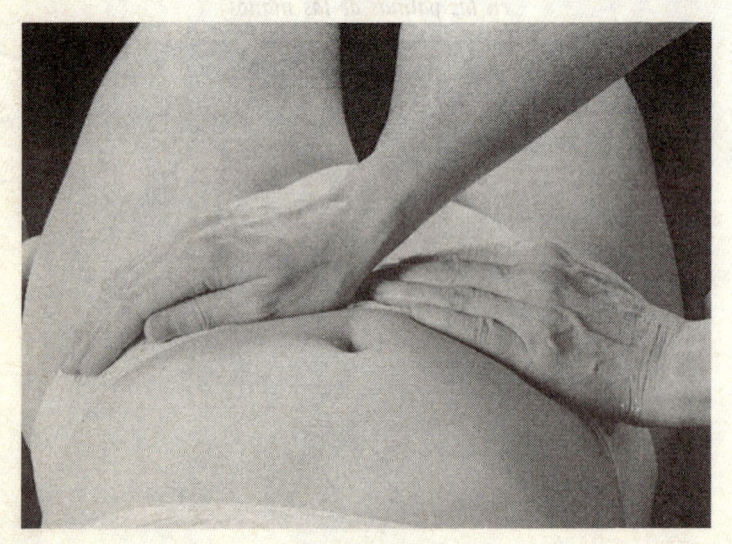

8. raíz

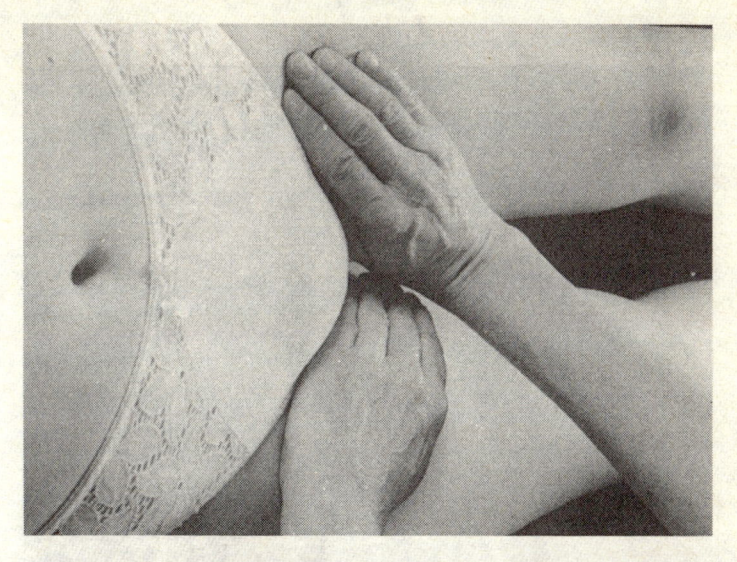

9. pies (facultativo)

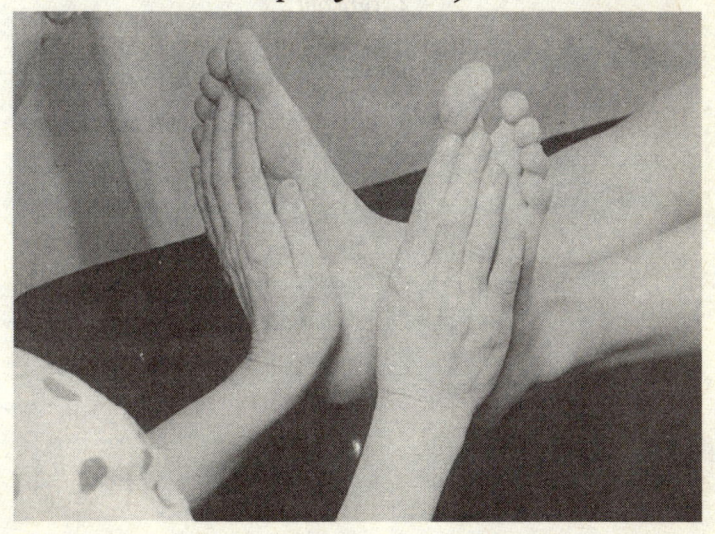

Posiciones de espaldas (6)
1. *hombros*

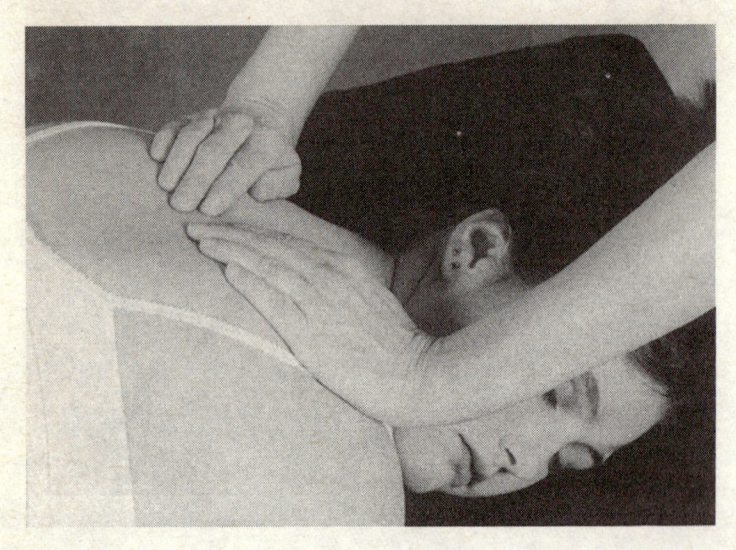

2. *corazón*

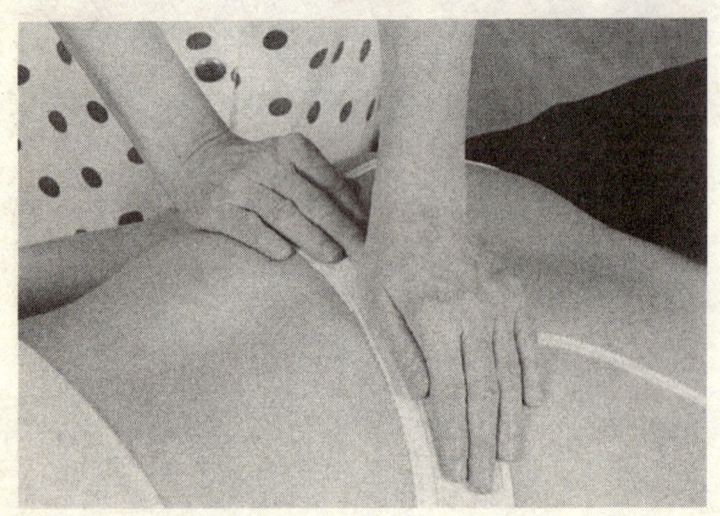

3. *solar*

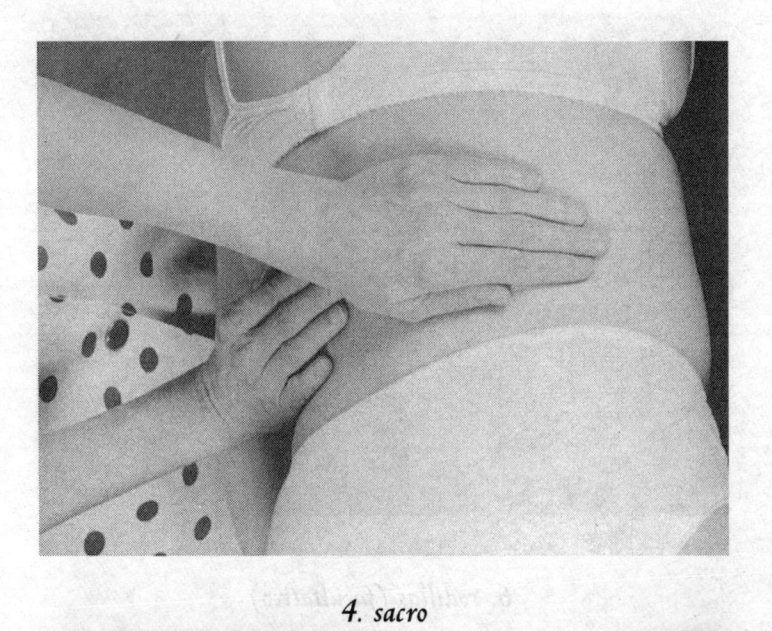

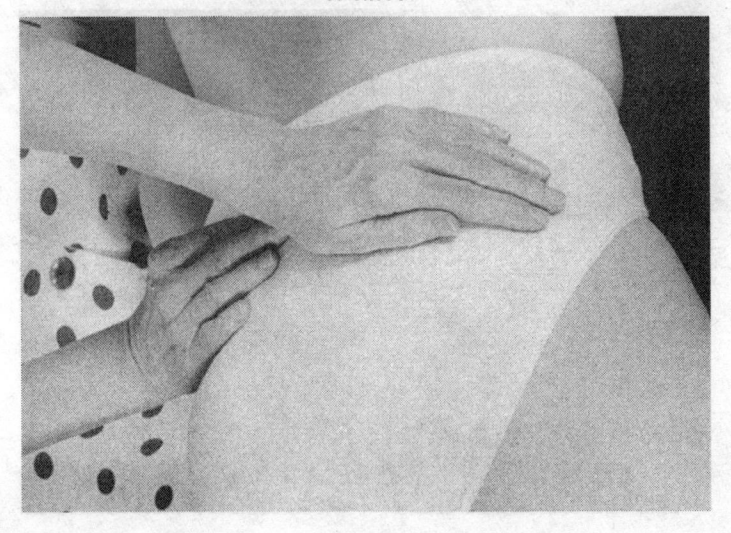

4. *sacro*

5. coccix

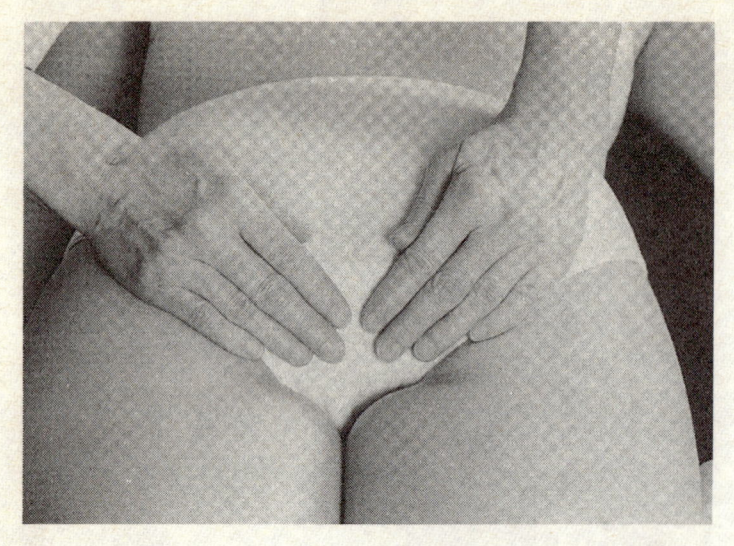

6. rodillas (facultativo)

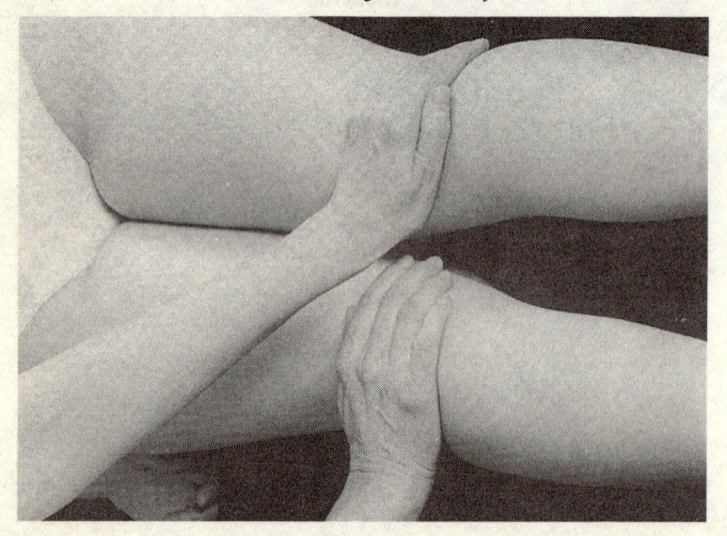

Iniciaciones

Una vez hayáis memorizado todas las posiciones y las hayáis practicado en otra persona, al menos una vez, deberéis cerrar el libro, pues ya estaréis preparados para recibir otras dos iniciaciones. Deberéis rodearos con el mismo material (agua, vela, incienso) que utilizastéis durante las dos primeras iniciaciones y seguir los mismos pasos que durante la primera serie de iniciaciones. Mi presencia todavía será más fuerte, no os extrañéis. Supongo que no hará falta que os diga que debéis elegir una habitación tranquila y poco iluminada.

¡Hasta pronto!

Acabáis de ser recibidos dentro de la gran familia del **1er nivel de Reiki** y, a partir de ahora, ya podréis empezar a ayudar a aquellos que os rodean. Guardad vuestro informe junto con el primero, recordando que cada persona a la que toquéis lo experimentará de una forma distinta, tanto seáis conscientes de ello como no.

No olvidéis daros Reiki durante 21 días seguidos después de vuestra sesión de iniciación con el fin de activar al máximo la carga energética recibida.

Debo precisar que algunos terapeutas prefieren ocuparse directamente de la parte enferma de su cliente antes de dirigirse a la cabeza, tal y como os he indicado. Otros prefieren las posiciones dobles tal y como se refleja en la siguiente foto. Esta técnica resulta particularmente práctica sobre todo cuando un paciente es tratado por varios terapeutas simultáneamente; entonces cada uno elige el punto que quiere tratar, así como el lado del paciente que más le conviene. No obstante, estas posiciones dobles también pueden utilizarse cuando se trabaja solo.

Modelos de posición doble

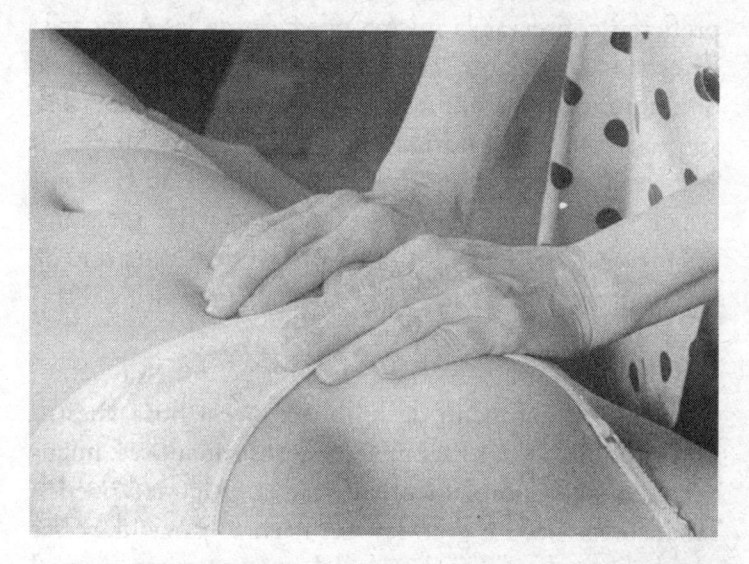

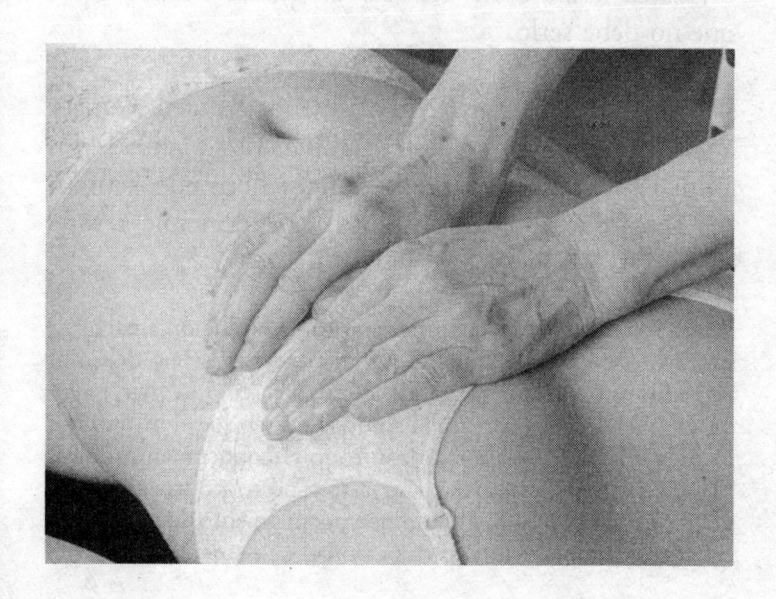

También debemos indicar que algunos terapeutas prefieren conservar la misma posición de las manos (la derecha hacia delante) y se pasan al otro lado de la mesa de tratamiento cuando realizan sus posiciones dorsales; si quisieran, no tendrían más que colocar su mano izquierda delante de la derecha sin necesidad de cambiarse de lado, pero... A otros les gusta dar un tratamiento con varios terapeutas, encargándose cada uno de una zona en particular. Así se gana en la rapidez del tratamiento y en la fuerza energética.

Todo el fenómeno de la sanación es ahora vuestro patrimonio. Algunos serán verdaderos **sanadores**, mientras que otros simplemente **aliviarán**. ¡Algunos pueden sanar, otros no! La gran ley del karma[3] jamás debe ser olvidada: nadie tiene derecho de querer curar a aquel que no debe serlo.

No dudéis en dar Reiki a aquellos a quienes amáis: a vosotros mismos, a vuestra familia, a las plantas, a los animales... Es mejor dar reiki durante unos pocos minutos antes que nada en absoluto. Este principio resulta

---

3. Karma: cada ser planifica su propia evolución a partir de los errores cometidos durante sus anteriores vidas; no debemos impedirle a nadie que viva aquello que ha escogido vivir, incluso aunque esto nos parezca absurdo, a no ser que él mismo nos lo pida y lo desee realmente con todo el conocimiento de sus planos de existencia. Descuidar este aspecto podría significar querer cargar con todo el peso que normalmente debería llevar, o haber elegido llevar, la otra persona.

muy válido, sobre todo cuando vamos mal de tiempo o cuando al que se trata es un niño. Poco importa cuáles sean las razones que motiven un tratamiento más rápido y, en estos casos, siempre resultará conveniente dirigirse lo más deprisa posible hacia la zona enferma con el fin de tratarla (de tres a cinco minutos, máximo 15).

Una vez que ya hayáis realizado algunos tratamientos, tanto completos como no, estaréis preparados para avanzar un paso más y entrar en el II° nivel. También debéis recordar la ley de compensación: intercambiad el Reiki, no lo déis sin pedir nada a cambio. **¡El intercambio favorece el amor!**

La ley de compensación nos recuerda la recomendación del Dr. Mikado Usui en la que afirma que el Reiki debe ser intercambiado con alguien y que no se debe dar sin recibir nada a cambio. De acuerdo con la experiencia del Dr. Usui, aquello que se da de forma gratuita, sin que aquel que lo recibe tenga que «compensar» de una manera o de otra, posee menos valor. Así pues, «compensar» por aquello que recibimos se puede hacer intercambiando algo (no tiene porque ser necesariamente dinero).

Resumen de los conocimientos adquiridos en el 1er nivel:

- 1 posición de preparación para el Reiki;
- Posición-Reiki;

- 13 posiciones de Auto-Reiki;
- 3 kanjis;
- 15 posiciones de tratamiento de un cliente;
- algunas variantes en las posiciones de tratamiento;
- 4 iniciaciones.

Ahora ya sois capaces:

- de tratar a un cliente de acuerdo con las técnicas del 1er nivel;
- de trataros a vosotros mismos;
- de captar la energía cósmica;
- de transmitir la energía cósmica a través del tacto;
- de ser más eficaces a la hora de aliviar el dolor de aquellos que os rodean.

Nivel II

Tres símbolos

Bienvenidos a este nuevo grado de evolución. Aquí vais a encontrar unos símbolos muy poderosos, unas posiciones sencillas y una renovada capacidad. Este nivel es relativamente sencillo y rápido de explicar, pero requiere más poder y más trabajo que el primer nivel.

El primer trabajo consiste en aprender a pronunciar y a trazar los tres símbolos siguientes:

Choku Rei - (tchaud-kou-ré)
Hon Sha Ze Sho Nen - (honne-chat-zé-chaud-naine)
Sei He Ki - (sé-hé-ki).

Tanto estos símbolos como los que aparecerán a continuación se visualizan en color **violeta** y deben ser trazados con la máxima exactitud posible. Son catalizadores de energía y el solo hecho de trazarlos conlleva ya una cierta carga energética. Cada cifra indicada en la ilustración corresponde a un movimiento diferente de la mano.

Probablemente necesitaréis algunas horas para memorizarlos totalmente, así como para ser capaces de trazarlos con vuestra mano «dominante». La mano dominante de un diestro es la derecha, mientras que la de un zurdo es la izquierda. Deberéis visualizar y trazar estos símbolos encima de vuestro cliente.

Me gustaría llamar vuestra atención sobre un detalle semántico muy importante. Hay que distinguir realmente entre **trazar** y **visualizar** un signo. Cuando se **traza**, el movimiento se efectúa con la mano derecha y se **visualiza**, mentalmente, en violeta; cuando simplemente lo visualizamos, no lo trazamos con la mano, sino tan sólo con nuestro pensamiento. Sin embargo, algunos maestros recomiendan que se tracen y se visualicen al mismo tiempo.

Con el fin de preservar el aspecto **sagrado** contenido en estos símbolos, os rogaría que quemaseis vuestras pruebas o trazados y que no se los revelaseis a cualquiera. No se trata de un juramento solemne en el cual os comprometéis a no decirle nada a nadie, ni tampoco de una amenaza de castigo, más bien se trata de una invitación para que respetéis aquello que se ha conservado en secreto durante años y que, ahora, os es revelado porque habéis pedido ser iniciados.

A vuestro nivel, colocaréis siempre vuestra mano izquierda (no dominante) sobre el paciente y, por encima de él, trazaréis vuestros tres símbolos con la mano derecha (dominante). Deberéis trazar cada uno de estos símbolos una sola vez y en **violeta** mientras que, mentalmente, repetís su nombre tres veces. Es importante que se visualice en violeta, puesto que se trata del último color antes del blanco.

En la simbólica de los colores, el violeta se halla profundamente vinculado a lo sagrado y a lo espiritual, al igual que el azul y el amarillo. Sin embargo también podríamos decir que, puesto que lo vemos, todavía no es totalmente puro. Así pues, cuando los colores humanos que representan la espiritualidad se hayan purificado, se volverán transparentes, invisibles y «blancos». Por lo tanto, la luz blanca es la más pura y la más perfecta: es la luz de dónde proceden todos los colores y a la que vuelven todos los colores.

Vuestro primer símbolo es el CHOKU REI. Debéis visualizarlo y aprender a trazarlo en una hoja con la máxima exactitud posible (utilizando el modelo en caso necesario). Es un símbolo de **poder**, de **prosperidad** y de **multiplicación**. También es un signo de **bendición**. Hay que trazarlo en color violeta mientras repetimos su nombre tres veces.

El segundo símbolo es el SEI HE KI. Sirve para alinear los cuatro chakras superiores al mismo tiempo que se equilibra el cuerpo. Este símbolo armoniza lo mental, lo espiritual y lo emocional; es la unión de lo divino y de lo humano. Al igual que el primero, debemos trazarlo una vez en color violeta al mismo tiempo que, mentalmente, pronunciamos tres veces su nombre.

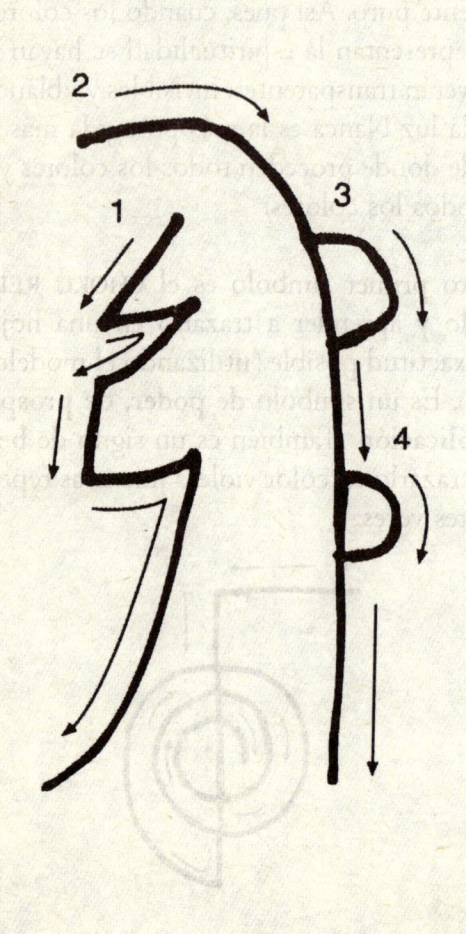

El último símbolo es el HON SHA ZE SHO NEN. Este símbolo sirve sobre todo para enviar energía a distancia y representa una fusión entre el **emisor** y el **receptor** con el fin promover la paz y la iluminación. Al igual de lo que sucedía con los dos primeros, también deberéis aprender a trazarlo en violeta al mismo tiempo que repetís su nombre tres veces.

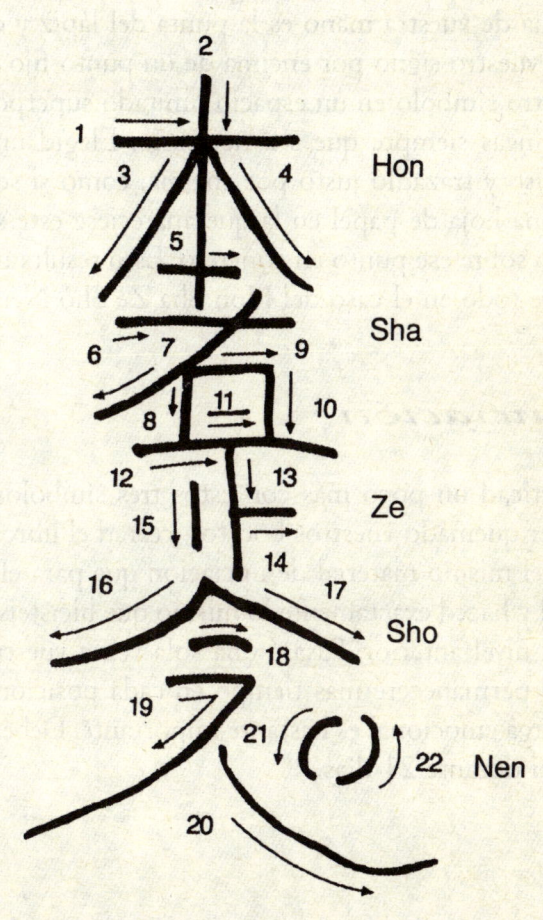

Si vuestro paciente tiene los ojos abiertos, trazad vuestros símbolos mentalmente con el fin de no asustarlo o preocuparlo.

Cuando tracéis estos símbolos con vuestra mano, una vez que hayáis conseguido hacerlo con facilidad sobre el papel, deberéis imaginaros que el centro de la palma de vuestra mano es la punta del lápiz y que trazáis vuestro signo por encima de un punto fijo. Trazad vuestro símbolo en un espacio limitado superponiendo las líneas siempre que sea necesario. Elegid un punto preciso y trazadlo justo por encima, como si se tratase de una hoja de papel en la que apareciese este símbolo justo sobre ese punto en concreto. Esto resulta muy útil sobre todo en el caso del Hon Sha Ze Sho Nen.

Iniciación

Practicad un poco más con estos tres símbolos y, tras haber quemado vuestros bocetos, cerrad el libro, rodeaos del mismo material de iniciación que para el primer nivel y haced exactamente lo mismo que hicisteis durante el nivel anterior. Pasaré una sola vez a vuestro lado, pero permaneceré más tiempo en cada posición. Aquí, la carga emocional es bastante importante. Debéis daros Reiki durante 21 días.

Reiki – Mental

Ahora vuestros chakras están totalmente abiertos. Mientras guardáis vuestro informe de iniciación junto con los otros dos, debéis pensar en la suerte que tenéis así como en la nueva responsabilidad que habéis adquirido.

Cada vez que aprendemos o que recibimos algo, debemos pensar en hacer partícipes de ello a aquellos que nos rodean. En general, se puede decir que aquel que recibe mucho, también tiene que dar mucho. Siempre debemos ser conscientes de que, al ir evolucionando, también debemos ayudar a evolucionar a los demás. Así seguimos la ley de compensación; la ley del karma o, simplemente, la bien conocida idea de la felicidad que produce el compartir.

Ahora ya no os quedan más que dos pasos a seguir antes de concluir vuestro aprendizaje en el Nivel II: el Reiki-Mental y la energía a distancia.

En el II° nivel, el terapeuta ya no está obligado a realizar un tratamiento completo tal y como ocurría en el nivel I. El adepto iniciado en el II° nivel posee unos instrumentos que le permiten acelerar su tratamiento y aumentar su calidad al mismo tiempo. Así pues, un tratamiento del nivel II siempre se da tocando primero al cliente con la mano izquierda, mientras que la derecha traza los símbolos de la forma que ya os he enseñado;

es decir, trazando los signos en color violeta, más o menos a una pulgada del cuerpo, y repitiendo tres veces el nombre de cada símbolo.

Las dos posiciones específicas del II° nivel reciben el nombre de Reiki-Mental. La primera posición consiste en colocar vuestra mano izquierda bajo la nuca del cliente, mientras que vuestra mano derecha traza los signos por encima de la coronilla, tal y como se muestra en la fotografía

TRAZANDO LOS SÍMBOLOS.

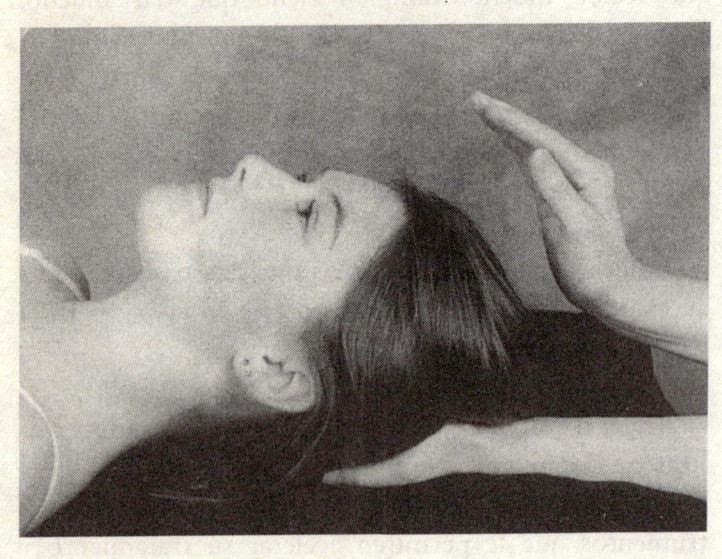

Durante el tratamiento

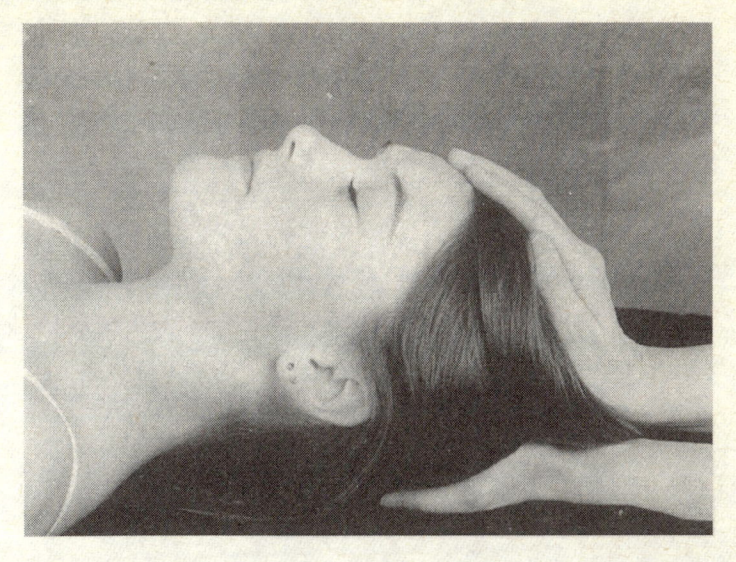

Tras haber visualizado y/o trazado los tres símbolos, colocad vuestra mano derecha directamente sobre la coronilla, siempre en Posición-Reiki, y permaneced así durante unos 10 minutos, sin sobrepasar nunca los 15 minutos.

Después de haber practicado esta primera posición, pasad a la segunda: colocad las dos manos en Posición-Reiki debajo de la cabeza. Permaneced en esta posición durante unos 10 minutos, sin sobrepasar los 15 minutos. Mirad la fotografía.

2ª POSICIÓN DEL NIVEL II

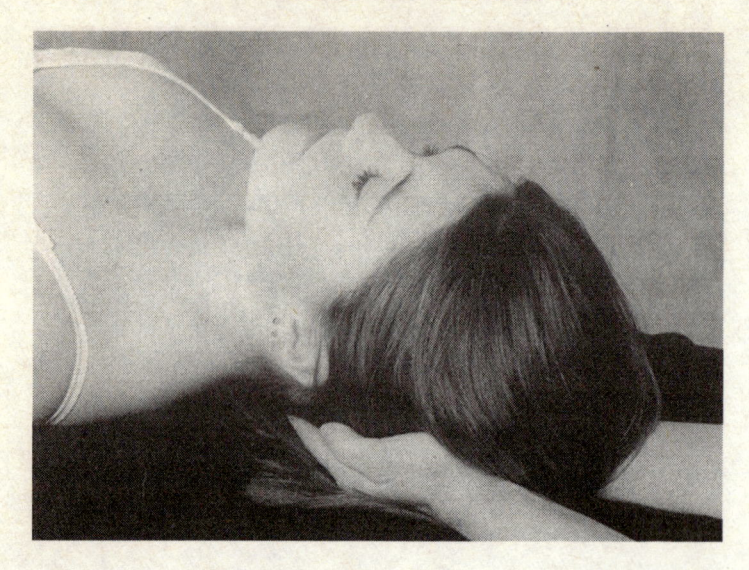

No os sorprendáis si, durante el tratamiento, percibís imágenes o impresiones extrañas. A través de estas dos posiciones, estáis directamente conectados con la otra persona y aquello que experimentáis o que veis le concierne directamente a ella. Siempre debéis comparar vuestras visiones o impresiones con las de vuestro cliente. Os sentiréis realmente sorprendidos de los resultados y dispondréis de más material terapéutico.[4]

---

4. Cualquier imagen o impresión que recibáis procedente de otra persona (mentalmente o de otra forma) os ayudará a comprenderla y a tratarla mejor. Así pues, una imagen o una impresión pueden ser consideradas como instrumentos terapéuticos.

En efecto, el Reiki funciona realmente y, al tocar al otro, a menudo se suelen experimentar impresiones o verse imágenes que proceden de la persona a la que estamos tocando o que la conciernen directamente a ella.

Por regla general, un tratamiento del nivel II suele ser mucho más rápido y acostumbra a durar alrededor de unos 20 minutos, tanto se aplique el Reiki-Mental como cualquier otra posición dictada por la intuición. Estaría muy bien que os dirigieseis directamente a la zona considerada como problemática por vuestro cliente, para completar después el tratamiento con cualquier otra posición considerada como apropiada.

La ventaja de progresar con el Reiki consiste en que el tratamiento se vuelve mucho más preciso, más localizado y también más corto. Sin embargo, muchas de las personas que lo practican siguen prefiriendo dar un tratamiento completo después de haber trazado sus símbolos.

Tras haber practicado un poco el Reiki-Mental, así como la forma de proceder en el nivel II, estaréis capacitados para iniciar otra gran fase de vuestra evolución: la **transmisión de energía a distancia.**

El Reiki–Mental a distancia

La transmisión de Reiki o de energía a distancia quizás sea el aspecto más fascinante de todo este curso. A partir de ahora, podréis ayudar a los demás en cualquier circunstancia y en todo momento: durante una operación quirúrgica, después de un accidente, durante un parto, etc... Algunos incluso enviarán energía al motor de su automóvil o a las personas queridas que ya no se encuentran entre ellos. No creo que haya que convertirse en un fanático, simplemente me limito a indicaros que las posibilidades son infinitas.

La primera regla que tenéis que respetar es la del consentimiento de la persona a la que os proponéis enviar la energía. Si podéis, debéis pedirle permiso para hacerlo y determinar con ella el momento preciso durante el cual le trasmitiréis el Reiki a distancia. Haciéndolo así, os resultará mucho más fácil verificar aquello que haya podido llegar a producirse o a no producirse.

Cuando resulta imposible seguir esta primera regla, o bien si pensáis que se trata de algo muy urgente, enviad la energía tras haber pronunciado las siguientes palabras: «Si esta energía va en contra de aquello que está previsto para ti, o si tú no estás de acuerdo en recibirla, déjala que prosiga su camino sin preocuparte por ella». Normalmente, suele ser muy poco frecuente que las personas no quieran recibir ayuda, pero algunas veces pueden mostrarse reacias a ello. En estos casos, la energía regresa al cosmos y, como mínimo, habréis tenido la satisfacción de haber ofrecido vuestra ayuda. Aquí vuelve a intervenir de nuevo toda la noción del karma: algunas personas no deben curarse y, en el fondo de sí mismas, lo saben. Estas personas (aunque sea de forma inconsciente) siempre rechazarán cualquier forma de ayuda o de tratamiento.

He aquí el método de transmisión. Primero deberéis procurar tranquilizaros y sentaros comodamente. El método más sencillo consiste en colocar vuestra mano izquierda sobre vuestra rodilla izquierda y trazar vuestros signos con la mano derecha por encima de vuestra mano izquierda o por encima de vuestra rodilla derecha, tal y como prefiráis. Debéis empezar con el Hon Sha Ze Sho Nen, seguir con el Choku Rei y terminar con el Sei Hé Ki. Cada signo debe ser trazado y visualizado una sola vez en color violeta, mientras se pronuncian tres veces los nombres de cada uno de los signos. Este es el momento en el que debéis pronunciar el nombre de la persona a la que le transmitís el Reiki.

Entonces, deberéis colocar vuestras manos al igual que en la foto. Estableceréis un contacto con la persona a tratar a partir de vuestro tercer ojo, creando así una especie de tubo etérico que os vinculará a esta persona. Con tranquilidad, conduciréis a esta persona hacia vuestras manos, mientras seguís conservando el tubo etérico en su sitio. En este preciso momento empezará a circular la energía. Deberéis conservar la posición de contacto durante unos 10 o 15 minutos.

POSICIÓN DE REIKI A DISTANCIA

REIKI-MENTAL A DISTANCIA

Os recuerdo que no existe ninguna plegaria especial que debáis pronunciar ni ningún otro ritual a ser realizado. Sin embargo, os aconsejo que enviéis esta energía durante tres días seguidos y a la misma hora con el fin de concretizar al máximo la ayuda que queráis dar. A menudo, una sola emisión de Reiki suele ser suficiente para restablecer una situación problemática.

Algunos maestros actúan de forma algo distinta y prefieren visualizar los símbolos entre sus manos abiertas, justo antes de conducir mentalmente hacia ellos a la persona. Otros tan sólo colocan entre sus manos la parte enferma que deben curar. Esto no son más que adaptaciones sin importancia que dependen de la personalidad de cada cual. Lo importante es que tracéis vuestros símbolos y que establezcáis un contacto consentido con la persona a la que deseáis ayudar colocándola entre vuestras manos.

Personalmente soy un poco alérgico a cualquier tipo de formulación especial que pudiera parecerse a una receta espiritual. Por ello os concedo la libertad de elegir vuestra propia forma de trabajar.

He experimentado esta transmisión más de una vez y siempre he sabido que algo importante estaba pasando. Ya la he practicado con vosotros en varias ocasiones y vosotros sois quienes mejor podréis evaluar lo que sucede.

Podría daros varios ejemplos personales, pero prefiero que seáis vosotros mismos quienes viváis vuestras propias experiencias. Os debería bastar con saber que no existe ningún peligro en el hecho de captar de forma permanente los dolores o las enfermedades de los demás (a menos de desearlo intensamente, y ni siquiera así). Lo que suele ocurrir es que sentimos un poco las angustias o los dolores de las personas a las que tocamos o tratamos. Por regla general, bastará con prepararnos bien para el Reiki (posición de preparación) para evitar este tipo de receptividad, pero si ésta tiene lugar igualmente, debéis saber que durará muy poco y que os bastará con dejar de tocar a la otra persona o abandonar la transmisión de energía para ver cómo desaparecen los efectos desagradables, aunque a algunos terapeutas les gusta sentir estos efectos y esperan que así sea.

Este era el útimo ejercicio del nivel II y me gustaría que vuestra primera experiencia la llevaséis a cabo conmigo. Acepto que me transmitáis Reiki y ya estoy en vuestras manos. Así pues, experimentad...

Una vez que hayáis realizado este ejercicio, deberéis redactar un informe de transmisión con la fecha exacta y guardarlo junto con vuestros informes de iniciación. Estos informes son importantes y deberéis enviármelos si deseáis conseguir vuestros diplomas oficiales. El informe de transmisión es como una prueba del ejercicio de transmisión de energía a distancia dirigida a mí. Al igual que para el resto de los informes, bastará con describir por escrito las circunstancias del ejercicio, así como los sentimientos experimentados o las imágenes visualizadas durante el ejercicio, sin olvidar la fecha y la hora de dicho ejercicio.

Un último detalle antes de dar por finalizado este nivel: La energía a distancia también puede servir para trabajar a favor de la paz en el mundo, para ayudar a detener el hambre de un país, para proteger a un pueblo, etc... Cuando nos asociamos a otros para transmitir energía a un mismo tiempo, la fuerza va aumentando de acuerdo con el número de personas que participan en ello.

Lo mismo sucede con los tratamientos del nivel I o del nivel II: dos o más practicantes pueden cubrir simultáneamente el cuerpo del enfermo y éste siente mucha más energía. Supongo que no hará falta decir que el tiempo de tratamiento queda reducido considerablemente.

Os doy las gracias por todas las utilizaciones que vais a darle al Reiki, ya que con ello mejoraréis la calidad de las vibraciones terrestres.

Resumen de los conocimientos adquiridos en el IIº nivel:

- 3 poderosos símbolos para catalizar la energía;
- 1 iniciación;
- dos posiciones de Reiki-Mental;
- técnica del Reiki-Mental a distancia;
- técnica del tratamiento a distancia.

AHORA YA SOIS CAPACES:

- de tratar con más rapidez;
- de tratar a distancia;
- de trazar tres símbolos sagrados de energía;
- de trabajar en secreto para la paz o el bienestar de la humanidad;
- de sentir, visualizar y transmitir mejor la energía.

Nivel III

Convertirse en un iniciador

Habéis alcanzado un nivel de conocimiento y de desarrollo suficientes como para permitiros poder enseñar a los demás aquello que habéis aprendido. En cuanto hayáis sido iniciados en el nivel III, poseeréis todas las claves para iniciar a otras personas al nivel I y II. También estaréis autorizados para entregar diplomas como prueba de los cursos que hayáis impartido. Hay que tener en cuenta que siempre es elección del maestro el entregar o no los diplomas. Muchos los entregan después de cada nivel; algunos tan sólo entregan el de maestro y otros no entregan ninguno.

Sí así lo deseáis, podéis utilizar este curso para aseguraros la uniformidad de las enseñanzas, al mismo tiempo que entregáis vuestros propios diplomas y determináis el precio que queréis cobrar por vuestras enseñanzas. Dado que las iniciaciones son siempre gratuítas, tan sólo las enseñanzas, así como el proceso que las acompaña pueden ser remunerados. Probablemente lo más sencillo sería que aconsejaseis a vuestros estudiantes que se comprasen este libro y que vosotros los asesoraseis durante su aprendizaje.

Interrogar la memoria cósmica

Como futuros iniciadores, recibiréis simultáneamente una mayor responsabilidad: la de seguir evolucionando y ayudar a evolucionar a los demás. En este sentido, me gustaría indicaros una forma suplementaria de buscar informaciones utilizando el Reiki. A lo que me refiero aquí es a la forma en la que se pueden obtener más indicaciones en cuanto al tratamiento a iniciar. De hecho, se trata de reflexionar sobre la manera más eficaz de ayudar a una persona, mientras intentamos ir comprendiendo cada vez un poco mejor nuestro propio funcionamiento como terapeutas o practicantes de Reiki.

Se trata de una posición muy parecida a la primera posición del II° nivel. Siempre deberéis colocar vuestra mano izquierda debajo de la cabeza de vuestro cliente y la derecha sobre la coronilla (parte superior de la cabeza). Con un haz de energía procedente de vuestro tercer ojo, trazaréis el Sei He Ki y el Choku Rei directamente sobre vuestra mano derecha. Trazaréis cada signo una sola vez y en color violeta, mientras repetís tres veces el nombre de cada uno. En ese momento, leeréis en silencio las preguntas preparadas por vuestro cliente (preguntas relacionadas con su salud, su bienestar, su entidad, etc...) y os mostraréis atentos ante las respuestas obtenidas (imágenes, gestos del cuerpo, sensaciones, etc...). Aquí hay que captar todas las indicaciones, imágenes, pensamientos, sensaciones, o emociones que podáis obtener intuitivamente durante el ejercicio y compararlas con las que haya podido experimentar vuestro paciente durante este mismo tiempo. Comprender estas indicaciones equivale a recibir una orientación sobre el tratamiento o unas explicaciones concernientes a dicho tratamiento.

Esta posición os vincula directamente a la otra persona y los resultados que podáis obtener le conciernen directamente. Esto se parece un poco a la videncia o a la hipnosis, pero se trata de una faceta real del Reiki denominada a menudo **«cuestionamiento de la memoria cósmica»**. Por regla general, el cliente plantea sus preguntas en el último momento con el fin de que el terapeuta no tenga tiempo de analizarlas y es el terapeuta quien recibe las respuestas.

Algunas veces, el cliente recibe las respuestas al mismo tiempo que el terapeuta, mientras que otras le llegan algunos días después de haber sido planteadas. Pero, pase lo que pase, se trata de un importante proceso que deberíais utilizar al mismo tiempo que practicáis el Reiki-Mental puesto que, fundamentalmente, se trata de la misma posición. Así pues, os resultará muy sencillo combinar estos dos enfoques o llevarlos a cabo sucesivamente. Interrogar la memoria cósmica suele llevar de unos 10 a 15 minutos aproximadamente.

Este ejercicio sirve para comprender mejor un tratamiento, para buscar los gestos terapéuticos más apropiados, para explicar los orígenes de ciertas enfermedades y la nueva dinámica mental a utilizar con el fin de detenerlas, etc... Este aspecto del tratamiento no es obligatorio, pero constituye una excelente forma de progresar personalmente como terapeutas, además de establecer un vínculo más estrecho todavía con la persona a la que se quiere ayudar.

Una vez hayáis realizado este ejercicio, redactaréis vuestro informe de experimentación que colocaréis junto a los demás. Ahora ya disponéis de cinco de los ocho informes que os serán exigidos para poder recibir vuestro certificado.

Símbolo

El símbolo del nivel III que os autoriza a iniciar y a transmitir el Reiki se llama el **Dai Koo Myo** (daille-cumio). Este símbolo siempre será el primero que deberéis trazar antes que ningún otro. No excluye a los demás, sino que los precede armónicamente.

He aquí el significado de este símbolo:

Dai   gran expansión;
Koo fuego en el 7º chakra o luz;
Myo clarividencia, luz verde (sanación);
Koomyo sabiduría, luz del iluminado.

En resumen, se trata del aumento de la luz sanadora en aquel que se ha convertido en sabio. Debéis acostumbraros a trazarlo con la máxima fidelidad posible. Visualizadlo con frecuencia en color violeta y haced el gesto con vuestra mano. Podéis tomaros el tiempo necesario. ¡Unos pocos minutos al día suelen bastar para mantener viva la llama! He aquí este poderoso símbolo:

DAI KOO MYO

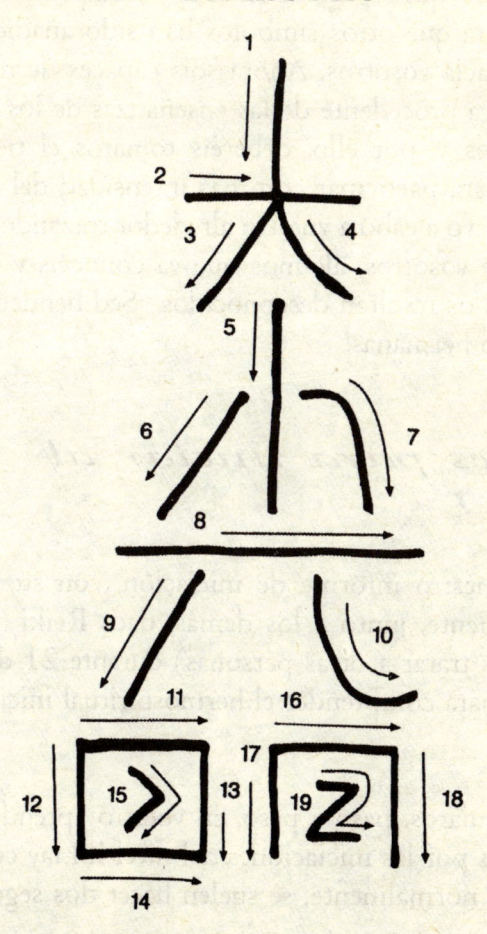

97

Iniciación

Ahora que ya disponéis de vuestro nuevo símbolo y que, gracias a vuestro trabajo, os habéis merecido ser iniciados en el tercer nivel, deberéis rodearos de vuestro material habitual de iniciación. Sentaos y repetid los mismos pasos que seguisteis en el IIº nivel, pero teniendo en cuenta que otros símbolos han sido añadidos y dirigidos hacia vosotros. Ahora sois capaces de recibir toda la carga procedente de las enseñanzas de los niveles inferiores y, por ello, deberéis tomaros el tiempo necesario para participar con más intensidad del recorrido que llevo a cabo a vuestro alrededor trazando símbolos sobre vosotros, algunos que ya conocéis y otros que todavía os resultan desconocidos. ¡Sed bendecidos, hermanos o hermanas!

Claves para iniciar al nivel I

Guardad vuestro informe de iniciación, con su fecha correspondiente, junto a los demás; daos Reiki (también podéis tratar a otras personas) durante 21 días y preparáos para comprender el hermoso ritual iniciático del Reiki.

Voy a guiaros, paso a paso, en vuestro aprendizaje. Empecemos por las iniciaciones del nivel I. Hay cuatro idénticas y, normalmente, se suelen hacer dos seguidas y las otras dos un poco más tarde, pero siempre durante el mismo día. No se puede precisar el número de horas exactas que tienen que pasar entre éstas, pero existe una separación. Las cuatro iniciaciones no deben hacerse seguidas con el fin de evitar que un flujo demasiado fuerte de energía penetre en el iniciado, así como para permitir que éste pueda ir asimilando los conocimientos recibidos. Cada maestro decide su propia forma de llevar a cabo las iniciaciones pero, por regla general, prefieren esperar un poco entre las dos primeras y las dos últimas. Con frecuencia se suelen realizar dos iniciaciones antes del medidodía y las otras dos después del mediodía.

He aquí los pasos a seguir en el ritual del **Ier nivel**:

1. Escoged una habitación tranquila y poco iluminada;

2. Quemad un poco de incienso con el fin de aumentar el nivel de vibraciones de la habitación;

3. Encended una vela para alejar las fuerzas negativas, así como para representar la luz de la iniciación;

4. Llenad un vaso de agua (a ser posible que el vaso sea de cristal y el agua pura de la naruraleza) para representar el fluido magnético, cósmico, y almacenar todas las vibraciones de la iniciación;

5. Haced que el iniciado se siente en una silla de

forma en que podáis moveros con facilidad a su alrededor;

6. Permaneced de pie delante del iniciado y pedídle que coloque sus manos en posición **1er Kanji**, tal y como estáis haciendo vosotros, y que cierre los ojos;

7. Recordadle al iniciado el aspecto **sagrado** de los momentos que va a vivir. Agradecedle que se haya mostrado disponible al Reiki y expresadle la gratitud que experimentáis al poderlo iniciar;

8. Situáos a la izquierda del iniciado y colocáos justo detrás de él (en sentido contrario a las agujas del reloj y en el mismo sentido que el Choku Rei);

9. Colocando vuestras manos sobre su cabeza (7º chakra) durante unos instantes, pedídle que coloque sus manos en posición **2º kanji** y que las lleve hacia su corazón (4º chakra);

10. Levantad vuestras dos manos suavemente y, con vuestra mano derecha, trazad en color violeta el Dai Koo Myo seguido del Choku Rei. Cada signo debe trazarse una sola vez mientras que, mentalmente, lo repetís tres veces;

11. Volved a colocar vuestras manos suavemente sobre la cabeza del iniciado y visualizad una vez, en color violeta, el Hon Sha Ze Sho Nen y el Sei He Ki (**mentalmente**), mientras repetís tres veces su nombre (**mentalmente**);

12. Retirad vuestras manos con suavidad y, pasando

por su derecha, volved a colocaros delante del iniciado;

13. Con vuestra mano izquierda, rodead los dedos del iniciado, incluyendo el pulgar, mientras que vuestra mano derecha (en Posición-Reiki) recubre la punta de los dedos;

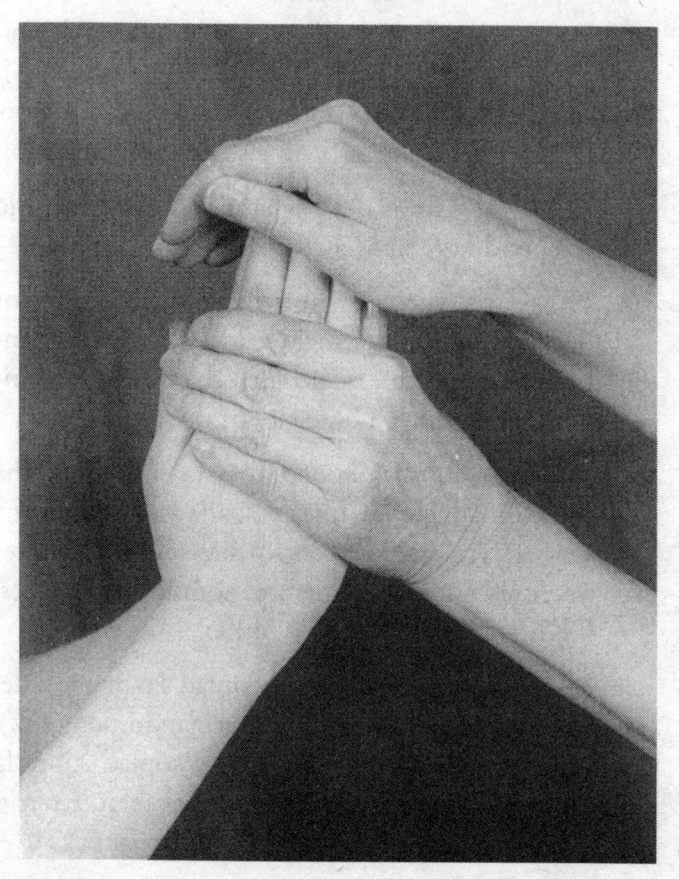

Etapa 13

14. Levantad un poco vuestra mano derecha (aproximadamente una pulgada) y trazad una vez en violeta los cuatro símbolos siguientes mientras que, mentalmente, los nombráis tres veces: Dai Koo Myo, Choku Rei, Hon Sha Ze Sho Nen y Sei He Ki. A partir de ahora, utilizaré las siguientes siglas para designar estos símbolos: DKM-CKR-HSZSN-SHK;

15. En posicion de **2º kanji**, tomad las manos del iniciado entre las vuestras (formando una cruz), visualizad el DKM en violeta y soplad una vez sobre la punta de los dedos y en las manos del iniciado;

16. Elevad las manos del iniciado hacia su tercer ojo y repetid las etapas 13 y 14;

    (13): Con vuestra mano izquierda, rodead los dedos del iniciado, incluyendo el pulgar, mientras que vuestra mano derecha (en Posición-Reiki) recubre la punta de los dedos;

    (14): Levantad un poco vuestra mano derecha (aproximadamente una pulgada) y trazad una vez en violeta los cuatro símbolos siguientes mientras que, mentalmente, nombráis tres veces: DKM, CKR, HSZSN y SHK;

17. En posición de **2º kanji**, tomad las manos del iniciado entre las vuestras (formando una cruz), visualizad en violeta el DKM y soplad sobre la punta de los dedos hacia la frente (tercer ojo o 6º chakra) y hacia la coronilla (7º chakra);

Etapa 15

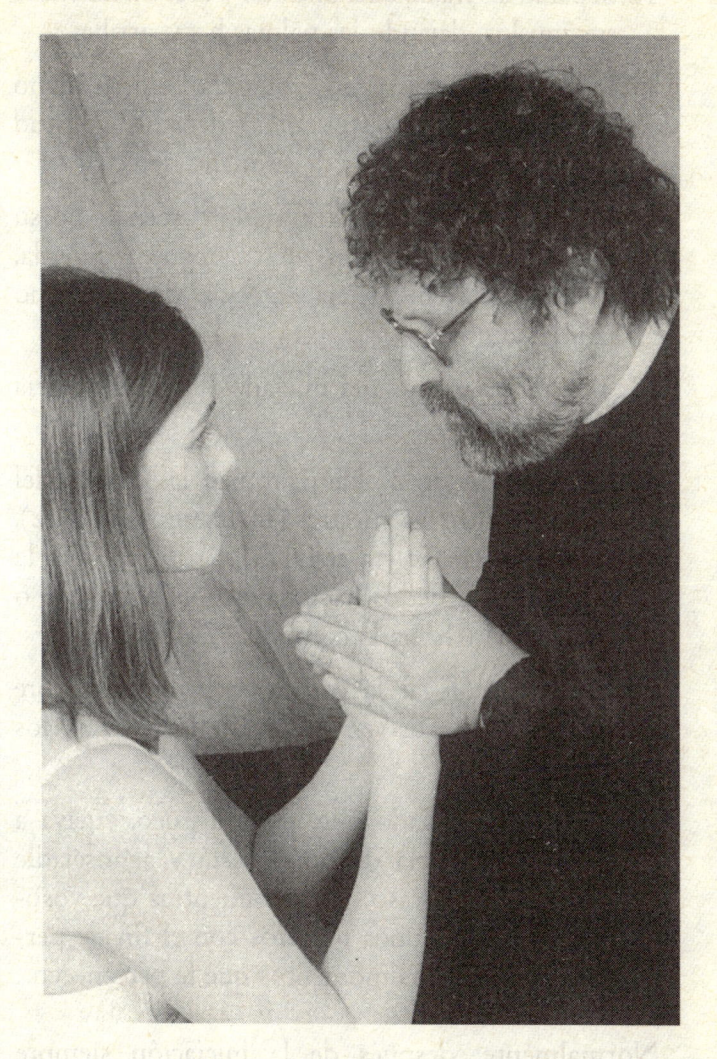

18. Separad las manos del iniciado y colocadlas sobre sus muslos, dejando las palmas hacia arriba;
19. Deslizad vuestra mano izquierda bajo su mano derecha y, con vuestra mano derecha, golpead suavemente el interior de su mano derecha;
20. Después deslizad vuestra mano derecha bajo su mano izquierda y, con vuestra mano izquierda, golpead suavemente el interior de su mano izquierda;
21. Tomad las manos del iniciado y llevadlas hacia su tercer ojo;
22. En posición de **2º kanji**, tomad las manos del iniciado entre las vuestras (formando una cruz), visualizad en violeta el DKM y soplad sobre la punta de los dedos hacia la frente (tercer ojo o 6º chakra) y hacia la coronilla (7º chakra);
23. Volved a colocar las manos del iniciado sobre sus muslos (esta vez con las palmas hacia los muslos);
24. Pedídle al iniciado que, poco a poco, vuelva a tomar conciencia de dónde está y aconsejadle que se beba el vaso de agua mientras que vosotros os retiráis unos minutos con el fin de permitirle vivir estos momentos que le pertenecen.

Normalmente, después de la iniciación siempre suele tener lugar un intercambio entre el maestro y el iniciado. El maestro toma al iniciado entre sus brazos y lo acoge en la gran familia Reiki. Después, el maestro le pide al iniciado que le cuente sus impresiones. Una relación verbal de iniciación suele ser suficiente cuando el maestro se halla presente físicamente.

Si separáis cada iniciación, todo el proceso será igual que el indicado, pero si agrupáis vuestras iniciaciones en dos series (dos seguidas, tal y como yo prefiero hacer), deberéis modificar el punto 24; no le pidáis al iniciado que se beba el vaso de agua aunque, de todas formas, deberéis dejarle que pueda disponer de unos minutos de soledad antes de reemprender el ritual para la 2ª iniciación.

Creo que podréis apreciar toda la belleza de estas iniciaciones, así como la carga emocional que normalmente suelen conllevar. Experimentaréis estos exclusivos momentos de forma muy diferente con cada uno de vuestros iniciados.

Las cuatro iniciaciones del nivel I son idénticas y debéis llevarlas a cabo siguiendo vuestro propio ritmo. Teniendo en cuenta los intérvalos de tiempo a ser previstos entre las iniciaciones, vosotros sois quienes deberéis decidir si lleváis a cabo una iniciación cada hora o una por día. Recomendad al iniciado que, tras las pruebas de iniciación, se dé Reiki durante 21 días.

Ahora ya podéis preparar un diploma del nivel I para el nuevo iniciado.

Claves para iniciar al nivel II

En el **IIº nivel**, no hay más que una única iniciación que llevaréis a cabo cuando sintáis que vuestro estudiante ya está preparado. El ritual es idéntico al del nivel I, pero el iniciador hace los símbolos dos veces seguidas, exceptuando los soplos que también se hacen una sola vez. Esto es lo que explica que la iniciación sea un poco más larga.

Sin duda, habréis observado que nos ocupamos mucho del 4º, 6º y 7º chakra, así como de los de las manos. La energía nos llega a través del 7º chakra, desciende hasta el 6º, después al 4º y, finalmente, nos es transmitida a través de las manos. Por ello, estos chakras deben estar en buenas condiciones de recepción antes de que las manos puedan ejercer su papel como transmisoras. El foco del Reiki se encuentra en el nivel del 2º chakra, pero se trata sobre todo de un centro que almacena la energía y nos refuerza.

Con frecuencia se suele decir que el nivel I prepara los chakras involucrados al 50%, mientras que el nivel II termina de abrirlos totalmente.

Con cada iniciado, y de acuerdo con las circunstancias, expresaréis de forma diferente vuestros agradecimientos, así como el aspecto sagrado de la iniciación. Os sorprenderá la pertinencia de las palabras que utilizaréis. Ahora, estáis emitiendo el diploma del nivel II.

Técnica de armonización

Antes de dar por terminado el nivel III, me queda un último tema que tratar: el de la armonización. Algunas personas que practican el reiki, así como algunos maestros, no utilizan esta técnica, pero puede resultar muy útil, sobre todo cuando vamos escasos de tiempo o bien cuando la persona no tiene ningún problema en particular. Cada armonización nos ayuda a evolucionar, tanto a maestros como a clientes, y puede practicarse tanto sobre un iniciado como sobre un no-iniciado.

De hecho se trata exactamente de la misma mecánica iniciática que utilizamos en el nivel I, salvo que hay que detenerse en la etapa 17 (que no se hace). Todo aquello cuanto concierna a los chakras de las manos no debe ser llevado a cabo.

La armonización sirve, tal y como indica su nombre, para armonizar las energías del cliente. Se trata de una forma, entre otras, de alinear los chakras y de equilibrar las energías. No obstante debo confesar que, la mayoría de las veces, prefiero **«armonizar»** utilizando otros medios con el fin de no asustar al paciente con un ritual. A vosotros es a quienes corresponde juzgar si utilizar o no esta técnica.

Ahora, cerrad vuestro libro e id a sembrar el Reiki durante algunos días (aproximadamente unos 21) antes de iniciar la última etapa. Podéis tomaros todo el tiempo que queráis; algunas semanas, o incluso meses si fuese necesario, con el fin de volver mejor preparados para recibir vuestro último regalo.

RESUMEN DE LOS CONOCIMIENTOS ADQUIRIDOS EN EL NIVEL III

- 1 método para interrogar la memoria cósmica;
- 1 símbolo de enseñanza;
- 1 iniciación;
- todas las claves para iniciar a los niveles I y II;
- 1 técnica de armonización (tratamiento abreviado).

AHORA YA SOIS CAPACES:

- de enseñar el Reiki a los demás;
- de iniciar totalmente a los niveles I y II;
- de ser más clarividentes utilizando la memoria cósmica;
- de tratar con más armonía y eficacia todavía;
- de trazar el símbolo distintivo de la enseñanza del Reiki;
- de captar y transmitir mejor la energía.

Nivel IV

Símbolo

¡Ahora ya habéis llegado al punto culminante del curso! Ha llegado el momento de recibir vuestro símbolo definitivo; el del **maestro**. Este símbolo se llama el Dai Koo Myo **tibetano** (DKMT). Traduce el origen del Reiki y no debe ser pronunciado jamás. Simplemente, se traza en color violeta o se visualiza.

Memorizadlo y practicadlo a menudo con el fin de llegar a trazarlo con la máxima fidelidad posible. Como muestra de respeto, deberéis quemar vuestros bocetos, tanto los que estén bien trazados como los que no, de forma en que todo vuelva a la energía cósmica.
¡Recibid ahora vuestro último símbolo, el más poderoso de todos!

Dai Koo Myo tibetano

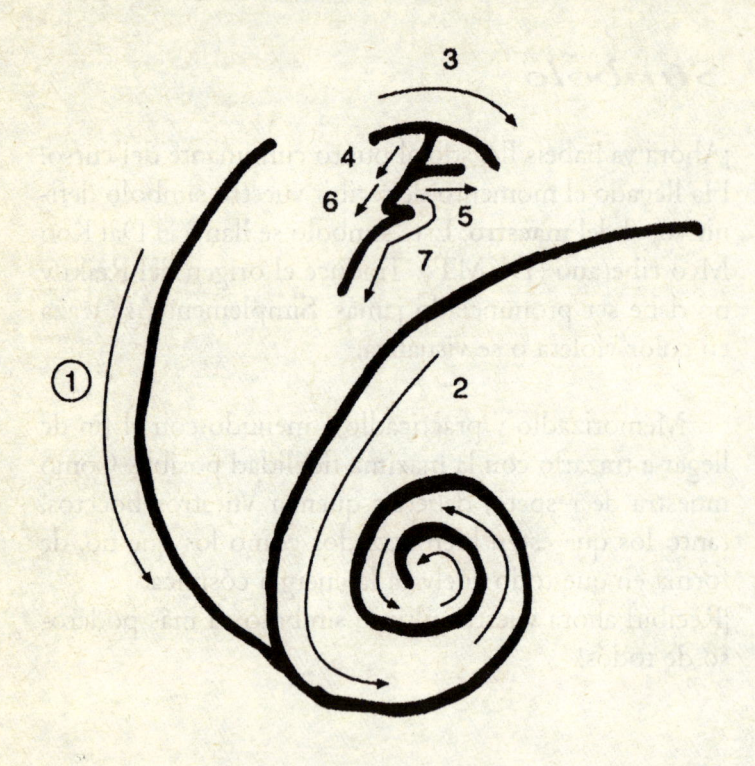

Dominar el Hui Yin

Antes de continuar con vuestros progresos, deberéis iniciar toda una serie de ejercicios preparatorios que pueden durar hasta **siete días**. Se trata de llegar a dominar el **Hui Yin** (HY), este punto de acupuntura (Jenn Mo) situado a medio camino entre los órganos genitales y el ano.

Resulta aconsejable que logréis localizarlo con la máxima precisión posible con el fin de poder contraerlo, sentirlo y utilizar sus buenos fluidos energéticos. Normalmente se suele encontrar contrayendo las nalgas y colocando un dedo entre los órganos genitales y el ano: el Huy Yin es exactamente esa pequeña zona del cuerpo que sentimos moverse o contraerse. Una vez localizado el centro, resulta fácil dirigir allí la concentración, así como hacer circular la respiración adecuada. Cuanto más precisos seamos al localizar el punto Huy Yin, mejores serán los resultados.

Lo que se pretende con el primer ejercicio es llegar a practicar una respiración especial pasando por los riñones. Las manos deben estar situadas encima de los riñones, con las palmas hacia afuera, al igual que en la foto.

Con cada inspiración, dirigís una corriente **azul oscura** hacia los riñones y sentís cómo vuestras manos se elevan ligeramente. Por el contrario, cuando espiráis, sentís vuestras manos bien pegadas a vuestros riñones. En vosotros empieza a circular toda una corriente de energía y, después de algunos minutos de ejercicio al día durante algunos días, estaréis preparados para proseguir vuestro entrenamiento.

Ahora que ya domináis esta respiración renal, tenéis que localizar con la máxima exactitud posible el Hui Yin y ser capaces de contraerlo durante tres minutos, al mismo tiempo que respiráis normalmente y que os imagináis ese punto en color **azul**. Después debéis imaginar que, desde vuestra cabeza, estiráis de un hilo atado al Hui Yin; esto os ayudará a comprender el tipo de contracción que se necesita aquí. Si no llegáis a realizar correctamente este ejercicio, intentad imaginarlo y veréis cómo pronto lo conseguiréis.

Para terminar vuestro entrenamiento preparatorio sobre el Hui Yin, he aquí las etapas que hay que cumplir. He experimentado dos métodos de hacer el Hui Yin y, en ambos casos, las manos siempre se hallaban situadas sobre los riñones, con las palmas dirigidas hacia afuera.

MÉTODO I

1. Presionad la lengua contra el paladar y conservad esta posición hasta el final del ejercicio;
2. Contraed el Hui Yin y conservadlo así hasta el final;

Posición para el Hui Yin

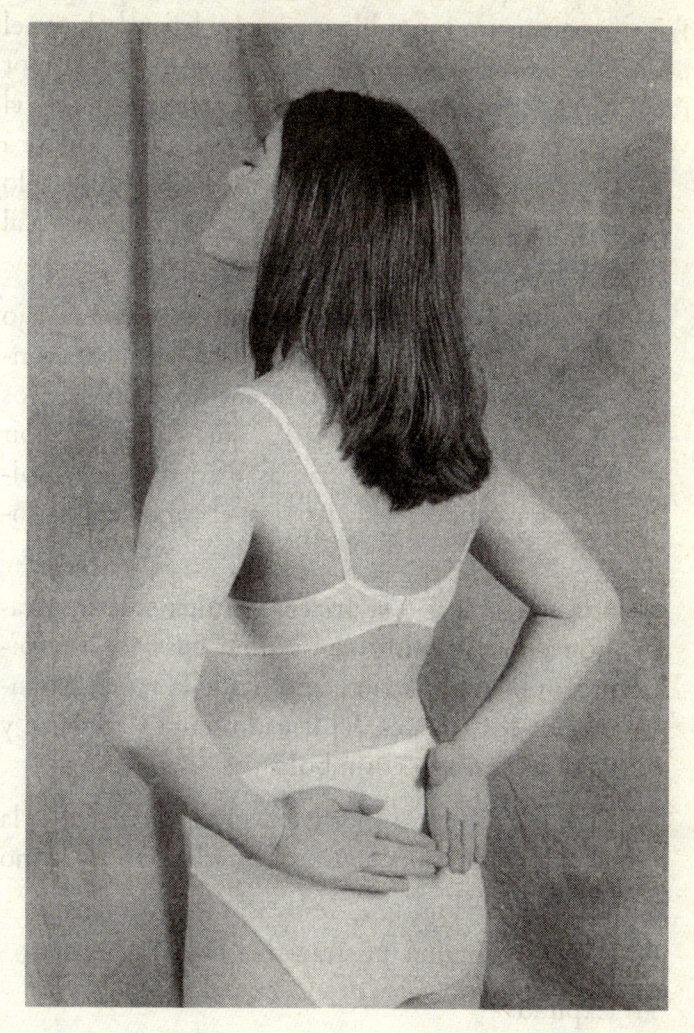

3. Inspirad profundamente al mismo tiempo que os imagináis un vapor blanco que va bajando hasta el final de vuestra columna. Imaginaos que este vapor entra por la nariz, sube hacia la frente, atraviesa el cerebro rodeando interiormente la cabeza, vuelve a bajar por detrás de la cabeza, deslizándose a lo largo del cuello, y sigue por la columna vertebral hasta llegar a los riñones;

4. Retened vuestra respiración que entra por debajo de la columna y va subiendo hacia la cabeza: conservad esta respiración un momento al nivel de los riñones y, después, dejadla que vuelva a subir hacia la cabeza dando vueltas alrededor de las nalgas y escalando por la barriga, el tórax, la garganta y los ojos;

Las etapas 3 y 4 se hacen con una sola inspiración y tan sólo hay que expirar cuando la respiración mental ha circulado desde la nariz, pasando por los riñones, ha llegado hasta el cerebro y ya se ha trazado el símbolo;

5. El vapor blanco se vuelve azul al circular por la cabeza y, después, enseguida adquiere un tono violeta claro;

6. Ahora, mentalmente, trazad el DKM tibetano;

7. Expirad.

Método II

1. Inspirad, con la cabeza inclinada hacia atrás, e imaginaos en **azul** el aire que baja hasta el Hui Yin, pasando por la parte superior de la cabeza y la espalda;

2. Contraed el Hui Yin y presionad la lengua contra el paladar. Conservad esta posición hasta el final;

3. El aire sube hacia el **Hara** (foco del Reiki o plexo del Reiki o 2º chakra) mientras que el **azul** se vuelve **gris** y después pasa a convertirse en **blanco**, mientras va subiendo hacia la nariz;

4. Cuando el aire vuelve a la nariz, trazáis vuestro símbolo (DKMT) mentalmente y expiráis.

Tanto si elegís un método como el otro, deberéis repetirlo todos los días durante siete días, con el fin de mereceros la iniciación al IVº nivel.

Observaréis que la nariz y el Hui Yin desempeñan un papel muy importante. El Hui Yin es el punto de partida de dos corrientes de energía y la **nariz** es el punto terminal. Debemos precisar que, en acupuntura, el Hui Yin o Jenn Mo señala el inicio del **Vaso gobernador** que llega hasta la nariz, pasando por detrás del cuerpo y de la cabeza. El Hui Yin también es el principio del **Vaso de la concepción** que llega hasta la nariz, pasando por delante del cuerpo. He aquí una breve explicación sobre el papel que desempeñan estas dos zonas.

Lo importante es que realicéis este ejercicio con la máxima frecuencia posible durante los próximos días, ya que favorece muchísimo vuestra capacidad de acumular la energía Reiki. Es como si recargaseis vuestras baterías. Debéis aseguraros de que disponéis del máximo espacio disponible para recibir la energía y, así, poder transmitirla durante mucho tiempo.

Cerrad vuestro libro, experimentad el Hui Yin y redactad vuestro séptimo informe de experimentación. Ya sólo queda uno, ¡ánimo!

Sui Ching: el ritual del agua

Ahora vais a vivir la iniciación más hermosa de todo el curso. Empieza con el **ritual del agua** para ir pasando, poco a poco, a la iniciación propiamente dicha. Antes de empezar, intentad conseguir agua de un río o de un manantial (es decir, agua de la naturaleza; la que beben los animales o las plantas, no el agua destilada que ya no tiene ninguna energía, o muy poca). Colocad este agua con cuidado en un recipiente de cristal, como mínimo unas **cuarenta y ocho horas** antes.

¿Ya tenéis el agua y todo a punto? Pues ya podemos empezar. Ahora realizaréis una bonita preparación para la iniciación: el ritual **Sui Ching** (ritual del agua). Seguid bien las siguientes etapas:

1. Añadid unas gotas de limón a vuestra agua;

2. Colocad vuestra mano izquierda encima del recipiente y empezad a describir círculos en sentido contrario a las agujas del reloj (en el mismo sentido que el CKR);

3. Colocad vuestra mano derecha por encima de vuestra mano izquierda y describid círculos también con esta mano, siempre en el mismo sentido que el CKR;

4. Debéis trazar estos círculos **constantemente** durante **una hora**, mientras inspiráis profundamente y contraéis el HY, con la lengua pegada al paladar, como si un hilo uniese vuestro paladar al HY. Al mismo tiempo que realizáis estos ejercicios, visualizad el agua, el DKM tibetano y el DKM ordinario en violeta, sin pronunciar sus nombres. Expirad cuando sea necesario.

Sí así lo preferís, podéis dividir esta hora en cuatro partes pero, antes de emprender la iniciación, siempre deberéis llevar a cabo el ritual del agua hasta el final.

Iniciación

Ha llegado el momento más solemne; el de vuestra última iniciación, aquella que os convertirá en un maestro de Reiki. Tomaos el tiempo necesario para colocar a vuestro alrededor los accesorios habituales. El vaso de agua debe ser tomado con el mismo agua que sirvió para el ritual Sui Ching.

Debéis conservar el vaso de agua entre vuestras manos y colocaros de forma en que yo pueda circular libremente a vuestro alrededor. Preparaos igual que para los niveles precedentes y seguid las instruciones mientras yo estoy delante vuestro:

1. Cerrad los ojos y colocad vuestras manos en posición 2° kanji alrededor del vaso de agua y contraed el HY, presionando la lengua contra el paladar. Visualizad el color azul y soplad entre vuestros dientes un vapor que se asemejará al agua;

2. Tocaré vuestra cabeza mientras repetís lo siguiente: «Ò Sui Ching, recibe la bendición del fuego divino y que yo también reciba esta misma bendición bebiendo este agua»;

3. Después, sostened el vaso con vuestra mano izquierda y trazad el CKR y el HSZSN en violeta, por encima del vaso;

4. Bebed el agua y colocaos en posición 2° kanji, al igual que en las demás iniciaciones, mientras yo tomo vuestras manos entre las mías;

5. Tocaré vuestro hombro derecho y levantaré vuestras manos hacia el tercer ojo para conducirlas hasta el corazón;

6. Pasaré detrás vuestro por vuestra izquierda y me frotaré las manos por encima de vuestra cabeza, Después, colocaré mis manos sobre vuestra cabeza y mis labios sobre vuestra coronilla;

7. Soplaré sobre vuestra cabeza poderosos símbolos y toda la energía del Reiki;

8. Me volveré a colocar delante vuestro, pasando por vuestra derecha, y os ayudaré a visualizar el azul que se convertirá en violeta y, después, en blanco puro. Después, volveréis a tomar conciencia de vuestro cuerpo físico. Os tomaré entre mis brazos para la última iniciación y os acogeré en el IV° nivel.

Claves para iniciar a los niveles III y IV

Guardad cuidadosamente vuestro informe de iniciación junto con los otros siete y daos Reiki durante 21 días (a vosotros mismos y a los demás). Ahora voy a indicaros las claves para iniciar a los niveles III y IV.

No existe más que una sola **iniciación para el III^{er} nivel**. Es exactamente **igual** que la del **II° nivel**, exceptuando que ahora debéis añadir el HY y el DKMT. Siempre deberéis empezar por contraer el Hui Yin, mientras presionáis la lengua contra el paladar y efectuáis dos veces seguidas toda la serie de símbolos en el siguiente orden: DKMT, DKM, CKR, HSZSN, SHK. Recordad que el **DKM tibetano jamás debe ser pronunciado.**

Si así lo deseáis, podréis entregarle un diploma a vuestro iniciado después de cada nivel de iniciación.

La iniciación de un **maestro al IVº nivel** siempre es un momento cargado de emociones. Empieza con el ritual **Sui Ching** (agua). Una música suave, tipo nueva era o similar, podría acompañar este ritual. Una vez que el iniciado ha completado su **hora de círculos** por encima del agua, he aquí los gestos que debéis llevar a cabo:

Las etapas 1, 2, 3, 4 y 5 son idénticas que las de los niveles I, II y III.

6. Entregadle el vaso de agua procedente del ritual Sui Ching;

7. Pedídle que coloque sus manos en posición **2º kanji** alrededor del vaso (en Posición-Reiki y con los dedos que se toquen) y después que contraiga el HY, presionando su lengua contra el paladar al mismo tiempo que visualiza el color **azul** que sopla suavemente entre sus dientes, al igual que un vapor que se asemeja al agua;

8. Repetid el paso 7

9. Repetid el paso 7 una vez más;

10. Colocad vuestra mano izquierda sobre la cabeza del iniciado, añadid también vuestra mano derecha y trazad el SHK, repitiendo su nombre tres veces y visualizando el símbolo en violeta;

11. Haced que repita: «O Sui Ching, recibe la bendición del fuego divino y haz que yo también reciba esta misma bendición bebiendo este agua»;

12. Pedídle que sostenga el vaso de agua con la mano izquierda mientras **traza el CKR y el HSZSN en violeta** por encima del vaso con ayuda de su mano derecha;

13. El iniciado se bebe el vaso de agua y lo deja encima de la mesa;

14. El iniciado coloca sus manos en posición **2º kanji** y las lleva hacia su corazón;

15. Rodead los dedos y pulgares del iniciado con vuestra mano izquierda, inspirad profundamente contrayendo el HY y presionando la lengua contra el paladar. Después, con vuestra mano derecha, trazad en violeta todos vuestros símbolos (DKMT, DKM, CKR; HSZSN, SHK) que entran en las manos del iniciado; a este nivel ya no es necesario repetir tres veces mentalmente el nombre de cada símbolo, pero si se hace así, debemos recordar que el DKM tibetano jamás debe ser pronunciado;

16. Respirad profundamente, tocad el hombro dere-

cho del iniciado y levantad sus manos y codos hacia el tercer ojo;

17. Colocad vuestras manos en Posición-Reiki y en **2° kanji**, alrededor de las manos del iniciado y presionad un poco. Visualizad el DKMT y soplad entre el pulgar y el índice del iniciado;

18. Conservad esta posición, visualizad el DKM y, después, volved a soplar entre el pulgar y el índice;

19. Situaos detrás del iniciado, pasando por su izquierda, respirad profundamente, contraed el HY (lengua en el paladar) y frotaos las manos unos instantes por encima de su cabeza;

20. Colocad vuestra mano izquierda sobre su cabeza y, después, vuestra mano derecha sobre vuestra mano izquierda;

21. Colocad vuestras dos manos en forma de copa (Posición-Reiki) sobre su cabeza y colocad vuestros labios sobre el 7° chakra, visualizando el DKMT que soplaréis después sobre el 7° chakra;

22. El mismo procedimiento que durante la etapa 21, pero con el DKM sencillo;

23. Retirad vuestras manos, inspirad profundamente contrayendo el HY (lengua en el paladar). Colocad vuestra mano izquierda sobre la segunda y tercera vertebra dorsal (bajo la joroba) y la mano derecha sobre la parte delantera del cuerpo y a la misma altura. Retirad vuestra mano dere-

cha y colocadla en forma de copa (Posición-Reiki) sobre la cabeza del iniciado mientras que visualizáis el **cubo de seis lados (en blanco)**. Después, finalmente, soplad en el cubo sobre el 7° chakra o coronilla;

24. Retirad vuestras dos manos, pasad delante del iniciado por su lado derecho e invitadle a volver a tomar contacto con lo cotidiano. Hacedle visualizar el color azul que pasa a violeta, antes de purificarse definitivamente y convertirse en blanco;

SÍMBOLO DEL CUBO DE 6 LADOS

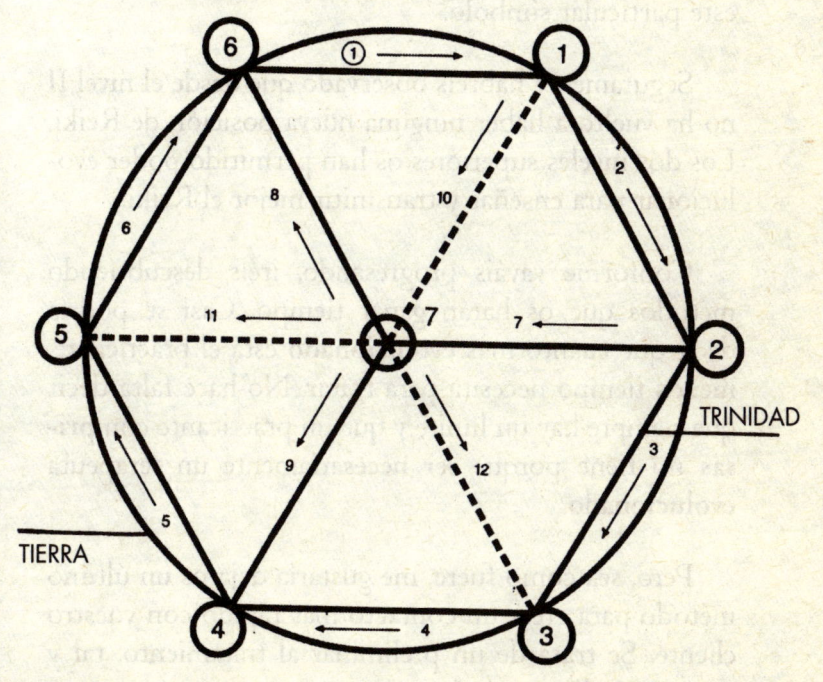

125

Este es el hermoso ritual del maestro. Al escribirlo, he revivido algunas de las emociones experimentadas durante mi propia iniciación.

Me gustaría hablaros un poco más sobre este último símbolo: el del cubo de 6 lados. Habéis visto su representación y debéis saber que se trata de un símbolo que tan sólo se utiliza durante la iniciación de un maestro. Así pues, no hay que practicarlo ni memorizarlo, sino visualizarlo en su conjunto. Bastará con mirarlo justo antes de soplarlo al 7º chakra de vuestro estudiante. Debéis fijaros en su ilustración y dejaros invadir por este particular símbolo.

Seguramente habréis observado que desde el nivel II no ha vuelto a haber ninguna nueva posición de Reiki. Los dos niveles superiores os han permitido poder evolucionar para enseñar y transmitir mejor el Reiki.

Conforme vayáis progresando, iréis descubriendo métodos que os harán ganar tiempo. Casi se podría decir que cuanto más **evolucionado** está el practicante, menos tiempo necesita para tratar. No hace falta decir que siempre hay un límite y que un practicante con **prisas** no tiene porque ser necesariamente un terapeuta **evolucionado**.

Pero, sea como fuere, me gustaría dejaros un último método para crear un contacto más rápido con vuestro cliente. Se trata de un preliminar al tratamiento, tal y como se indica a continuación:

1. Trazad vuestros símbolos sobre una persona sentada o de pie;
2. Colocad vuestras manos sobre sus hombros;
3. Poned vuestras manos sobre su cabeza, en el 7º chakra;
4. Colocad vuestra mano izquierda detrás de su cabeza al nivel del tercer ojo y vuestra mano derecha sobre el 6º chakra (tercer ojo);
5. Dirigid vuestra mano izquierda hacia la 7ª vertebra cervical y vuestra mano derecha hacia la nuez de la garganta (5º chakra);
6. Colocad vuestra mano izquierda sobre los omoplatos y vuestra mano derecha sobre el esternón (4º chakra);
7. Id bajando vuestra mano izquierda hacia la espalda, al mismo nivel que la mano derecha, dirigida hacia adelante, sobre el plexo solar (3 chakra);
8. Deslizad vuestra mano izquierda por debajo de la espalda y vuestra mano derecha por la cintura, justo debajo del ombligo (2º chakra).

Tras esta toma de contacto con vuestro cliente, ya podéis iniciar el tratamiento adecuado. Recordad que, a partir de ahora, siempre deberéis empezar por vuestro símbolo de maestro antes que por cualquier otro, incluso cuando estéis iniciando a alguien.

Permitidme una última observación relacionada con lo que debería experimentar el cliente. Debéis saber que cuanto más evolucionados estéis, más empezaréis a transmitir una energía diferente: **la energía** fría. Según parece, esta energía es superior a la del calor, ya que es la de la **sanación**. No resulta sorprendente constatar que algunos practicantes **alivian (calor)** mientras que otros **curan (frío)**. Supongo que no hará falta añadir que tanto la una como la otra no tienen nada que ver con la temperatura de vuestras manos.

Algunas circunstancias podrían requerir adaptaciones del tratamiento: enfermedades contagiosas, fobia al tacto terapéutico, etc... En estos casos, el terapeuta puede elegir la técnica de tratamiento a distancia o ejecutar las posiciones sobre el cuerpo etérico, es decir a una pulgada del cuerpo físico. El paciente experimenta tan bien la presencia de la energía por el cuerpo etérico como por el cuerpo físico, pero con frecuencia el terapeuta encuentra más difícil trabajar en esta posición.

En último lugar, debemos precisar que un tratamiento de Reiki toca el conjunto de los siete cuerpos (físico, etérico, astral, crístico, búdico, causal y espiritual), así como el conjunto de los planos de existencia (física, astral, causal, mental y etérica). Las escuelas más sofisticadas de misticismo describen hasta siete niveles del cuerpo, incluso si por lo general, podemos contentarnos con tres: físico, energético y espiritual. En cuanto a los planos de existencia, algunas hermandades ponen cinco de manifiesto. En principio, podríamos encontrarnos en el plano espiritual en un cuerpo búdico. Si no queremos entrar en este laberinto, podríamos admitir, tal y como es el caso de la mayoría, que hay tres planos de existencia y que, por lo tanto, hay tres cuerpos: el físico, el energético y el espiritual.

Así pues, podemos utilizar el Reiki y tener la seguridad de dar un tratamiento realmente holístico.

Algunos maestros esperan 21 días entre cada nivel de iniciación, otros pretenden que los símbolos se corrigen por sí mismos a través del uso o que adoptan una orientación personalizada. El Reiki permanece realmente auténtico y la energía al servicio del ser humano conserva toda su belleza. Las leyes cósmicas utilizadas durante el transcurso de una sesión de Reiki sobrepasan en mucho la habilidad o la evolución espiritual del iniciador. De hecho, con buenas claves, un profano podría iniciar tan bien como un maestro. La humildad debe convertirse realmente en la base de toda relación de ayuda.

Últimos consejos al nuevo maestro

El curso que acabáis de terminar reagrupa todas las enseñanzas **clásicas** del Reiki y es completo en sí mismo. Todo cuanto descubráis por vosotros mismos y/o aquello que añadáis facilitará vuestra aptitud para captar la energía Reiki, pero no modificará en absoluto el poder de esta energía.

Hay que comprender muy bien que la energía Reiki existe por sí misma, tanto la utilicemos como no, y que tan sólo podemos participar, pero no aumentarla: somos nosotros los que nos volvemos más puros y no el Reiki. Sin embargo, debemos admitir que, al igual que todo lo que existe, el Reiki evoluciona en sus formas modernas, al igual que una lengua evoluciona a lo largo de los tiempos. Así pues, actualmente existen otros símbolos y otras posiciones de tratamiento diferentes a los que os he transmitido. También existen otros cursos posibles después del de maestro: el de Karuna, por ejemplo, que podría ser considerado como el de una formación «post-diploma».

Os pertenece como maestros, siempre de acuerdo con vuestros deseos y vuestras intuiciones, seguir buscando formaciones suplementarias aunque no sean necesarias y no añadan nada a la energía del Reiki, pero aseguran y a veces mantienen viva su llama. Todas las enseñanzas del Reiki moderno no son más que otras vías de acceso a la misma corriente energética, no son mejores ni más completas, ni tampoco más poderosas de las que ya poséeis.

Para aquellos que desearían comprometerse desde ahora en la vía del modernismo, les transmito gustosamente un nuevo símbolo que parece querer imponerse cada vez más: el **Raku**, o el rayo. He aquí este símbolo que, por cierto, es muy fácil de trazar:

Raku

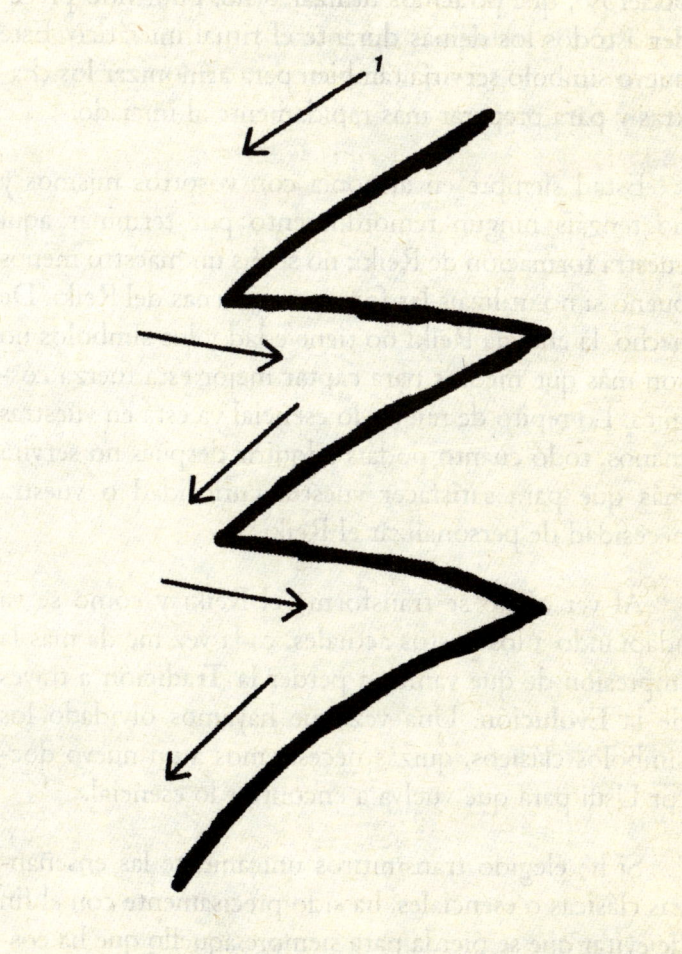

Este símbolo sirve sobre todo cuando se desea iniciar a alguien en el Reiki y debería trazarse partiendo de la cabeza del iniciado, bajando a lo largo de la columna vertebral. Parece ser que se trata de un símbolo muy poderoso, que podemos utilizar o no, pudiendo preceder a todos los demás durante el ritual iniciático. Este nuevo símbolo serviría también para armonizar los chakras y para preparar más rapidamente al iniciado.

Estad siempre en armonía con vosotros mismos y no tengáis ningún remordimiento por terminar aquí vuestra formación de Reiki; no seréis un maestro menos bueno si no utilizáis las formas modernas del Reiki. De hecho, la energía Reiki no tiene edad y los símbolos no son más que medios para captar mejor esta fuerza cósmica. Lo repito de nuevo, lo esencial ya está en vuestras manos, todo cuanto podáis adquirir después no servirá más que para satisfacer vuestra curiosidad o vuestra necesidad de personalizar el Reiki.

Al ver cómo se transforma el Reiki y cómo se va adaptando a los gustos actuales, cada vez me da más la impresión de que vamos a perder la **Tradición** a través de la **Evolución**. Una vez que hayamos olvidado los símbolos clásicos, quizás necesitemos a un nuevo doctor Usui para que vuelva a encontrar lo esencial.

Si he elegido transmitiros unicamente las enseñanzas clásicas o esenciales, ha sido precisamente con el fin de evitar que se pierda para siempre aquello que ha costado tanto tiempo volver a descubrir.

Resumen de los conocimientos adquiridos en el IV° nivel:

- las claves para iniciar a los niveles III y IV;
- 1 método rápido de contacto con otra persona;
- 3 símbolos muy poderosos;
- 1 iniciación.

Ahora sois capaces:

- de trazar vuestro símbolo de maestro de Reiki;
- de dirigir mejor vuestro tratamiento de acuerdo con las verdaderas necesidades;
- de iniciar a otras personas a los niveles III y IV (maestro);
- de comprender mejor la energía cósmica;
- de experimentar la energía fría;
- de ser verdaderamente un maestro.

Conclusión

Se ha creado una hermosa complicidad entre nosotros y siento una cierta dificultad para romperla. A lo largo de este curso, os he ayudado lo mejor que he podido y os he transmitido lo mejor posible la calidad de la enseñanza que yo mismo he recibido.

Hasta ahora, no han habido escritos sobre el Reiki y todo se ha basado en una transmisión oral. No obstante, cada maestro escribe lo que ha recibido y cada maestro entrega a sus estudiantes documentos escritos (o como mínimo todos deberían hacerlo para asegurar la uniformidad de las enseñanzas).

De hecho, estoy haciendo lo mismo que los demás maestros: os he dado vuestros símbolos, vuestras iniciaciones y las consideraciones que las acompañan. Ya no me queda más que entregaros vuestros diplomas para que el proceso sea completo.

Os estrecho por última vez entre mis brazos en señal de acogimiento definitivo dentro de la hermosa familia de **Maestros de Reiki.**

Id en paz y respetad el aspecto sagrado del Reiki.

¡Vuestro maestro a distancia!

Bibliografía

FURUMOTO, Phyllis. *The Usui System of Natural Healing, (El sistema Usui de Sanación Natural)*, The Reiki Alliance, 1985, pág. 24.

HABERLY, Helen J. *Reiki, Hawaio Takata's Story, (Reiki, la historia de Hawaio Takata)*, Olney (E - U), Archedigm, 1990, pág. 112.

HORAN, Paula. *Reiki, Se soigner, (Reiki, curarse a uno mismo)*, Orsay, Entrelacs, 1991, pág. 216.

JARRELL, David G. *Reiki Plus, Natural Healing, (Reiki Plus, Sanación Natural)*, Celina (E - U) Richard Laevitt, 1984, pág. 80.

SHARAMON & BAGINSKI, *Reiki, (Reiki)*, France, Guy Trédaniel, 1991, pág. 212.

SHRUBIN, Barbara Chinta. *Reiki et Cristaux, (Reiki y Cristales)*, Editions du Verseu.

STEIN, Diane, *Reiki Essentiel, (Reiki Esencial)*, Guy Trédaniel, France, 1995, pág. 213.

Las enseñanzas orales y escritas de mis maestros.

Índice

Agradecimientos 9
Prólogo 11
Algunas palabras 15

Introducción 17
    El Reiki 19
    Originalidad del Reiki 20
    Los niveles 22

Nivel I 25
    El linaje 27
    Posición de preparación para el Reiki 28
    Dar Reiki 30
    Posición-Reiki 33
    Auto-Reiki 34
    Ritual iniciático 44
    El Reiki sobre los demás 53
    Iniciaciones 63

Nivel II 69
    Tres símbolos 71
    Iniciación 76
    Reiki-Mental 77
    Reiki-Mental a distancia 82

Nivel III 91
  Convertirse en un iniciador 93
  Interrogar la memoria cósmica 94
  Símbolo 96
  Iniciación 98
  Claves para iniciar al nivel I 98
  Claves para iniciar al nivel II 106
  Técnica de armonización 107

Nivel IV 109
  Símbolo 111
  Dominar el Hui Yin 113
  Sui Ching: el ritual del agua 118
  Iniciación 120
  Claves para iniciar a los niveles III y IV 121
  Ultimos consejos al nuevo maestro 129

Conclusión 135
Bibliografía 137
Diploma 143

Diploma

Para recibir vuestros diplomas, deberéis hacerme llegar los ocho informes debidamente fechados junto con esta página con el fin de que pueda verificar y autentificar vuestros pasos, a la dirección que aparece a continuación, acompañados de un giro postal de 25 $ para cubrir los gastos relacionados con la emisión y el envío de vuestros cuatro diplomas.

Por favor, no enviéis fotocopias. Enviad el original tanto de los informes como de esta página.

8 informes:
     5 informes de iniciación
     2 informes de experimentación
     1 informe de transmisión

A observar:
   Si no completáis la preparación de los cuatro niveles, siempre podéis pedir vuestros diplomas por los niveles alcanzados.

Les Editions Liberté Nouvelle,
Attention: Dr. Alain Courchesne
275 A, rue Principale
Saint-Sauveur-des-Monts
(Québec)
JOR 1RO.